V.2504.
13.

11971

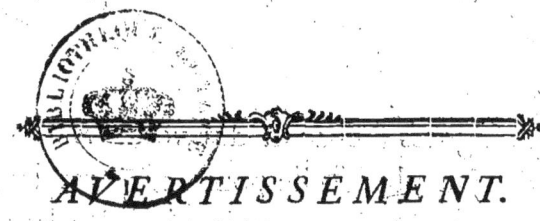

AVERTISSEMENT.

L'Auteur ayant composé son *Cours d'Architecture* pour l'utilité des Eleves de cet Art, non-seulement il a cru devoir, pour rendre cet ouvrage portatif, préférer l'*in-8°* à tout autre format; mais aussi inférer les planches de deux volumes dans un volume particulier.

Les avantages qui résultent de cet arrangement, sont premiérement de rendre chacun de ces volumes plus commode pour le transport; secondement, de pouvoir, d'une part, multiplier le nombre des planches, & de l'autre de se restreindre moins pour ce qui concerne le texte & les notes. En sorte qu'en rendant les matieres plus abondantes, & séparant le discours &

les figures, chacun des volumes deviendra plus facile pour comparer les préceptes & les exemples répandus dans les uns & les autres.

Sébastien Le Clerc en avoit usé ainsi dans son excellent petit *Traité d'Architecture*. Dans la plupart des Dictionnaires, les planches sont séparées du discours; d'ailleurs le plus grand nombre des Eleves a paru desirer que l'on suivît cette méthode, afin de pouvoir, disent-ils, examiner séparément les différents genres de profils qui font partie des éléments de ce Cours, & comparer ensemble les plans, les coupes & les élévations qui composent la partie du raisonnement & de la théorie répandus dans cet ouvrage. Ajoutons que si l'on eût mis les planches dans le corps de l'ouvrage, il seroit souvent arrivé que leur description, qui occafionne plufieurs pages d'impreffion, auroit obligé fans ceffe de retourner du texte à la figure, & de la figure au texte ; ou fi, comme cela fe pratique affez ordinairement, on avoit porté les planches à la fin de chaque volume, ils feroient devenus plus confidérables, & par conféquent moins portatifs.

Tom. 1ᵉʳ   Pl. II.

DIVISION GENᴸᴱ POUR LES CINQ ORDRES D'ARCHITECTᴿᴱ

Fig. II. — A, B, C, D, E, F, G, H, I, K, L, M, N, O, P, Q, R, S, T, V

Fig. I.

Echelle de 1 2 3 4 modules

Fournera del.   Michelinot Sculp.

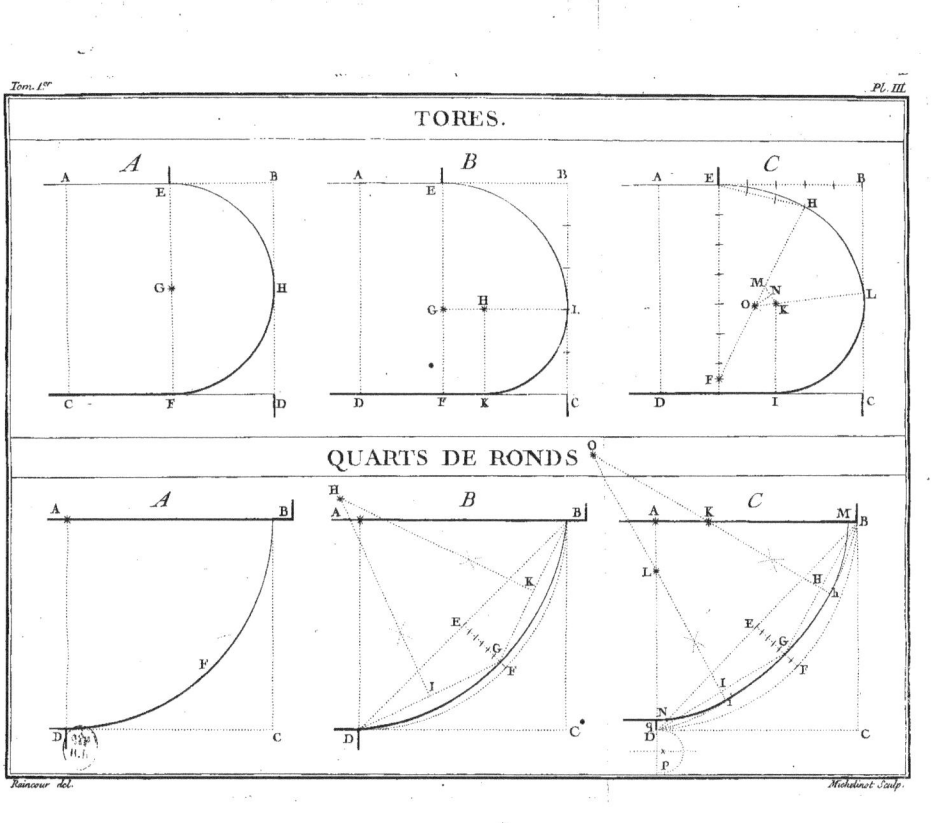

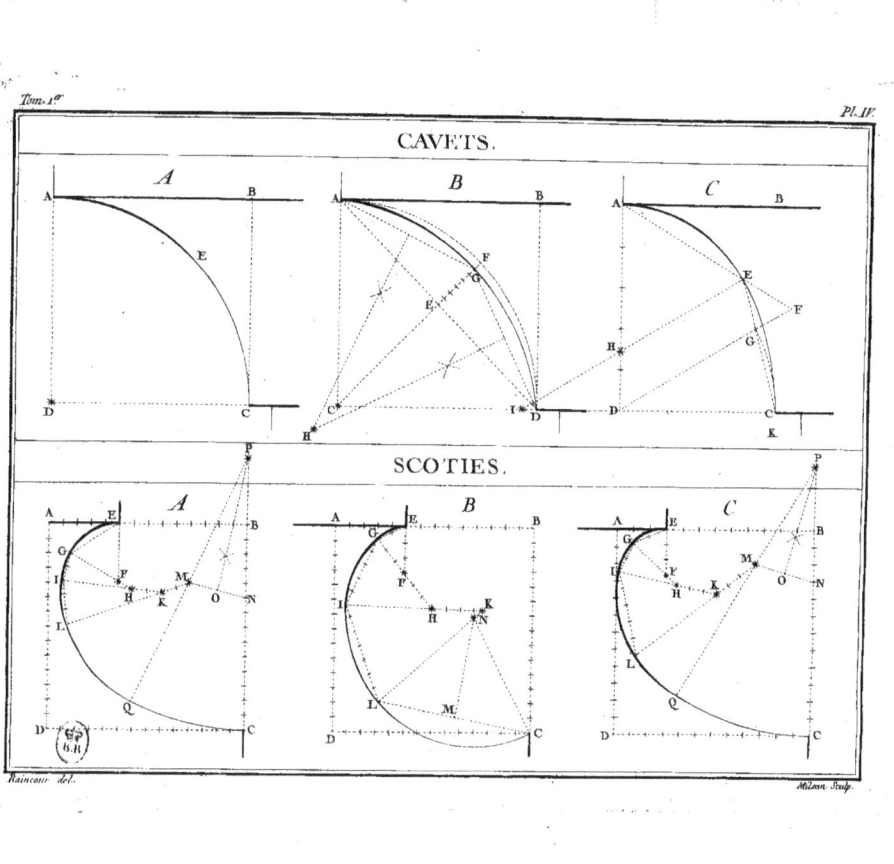

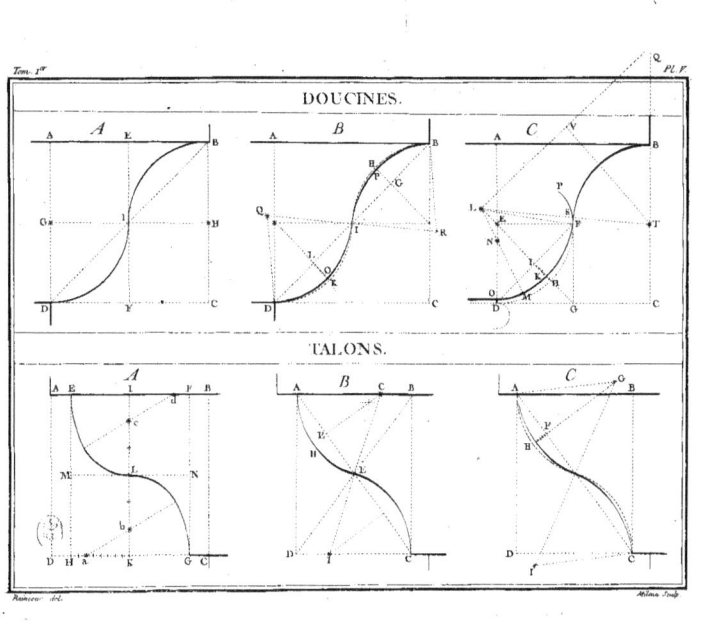

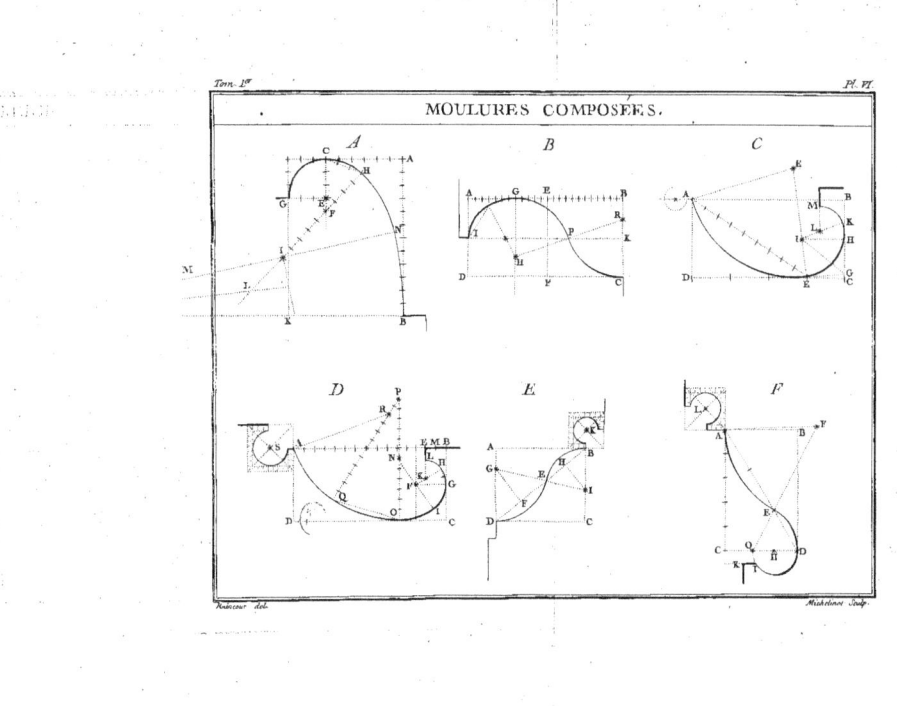

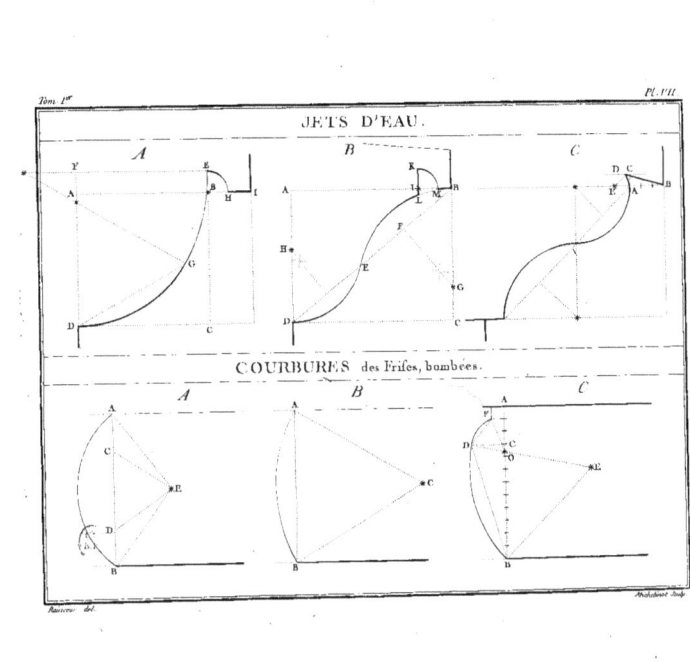

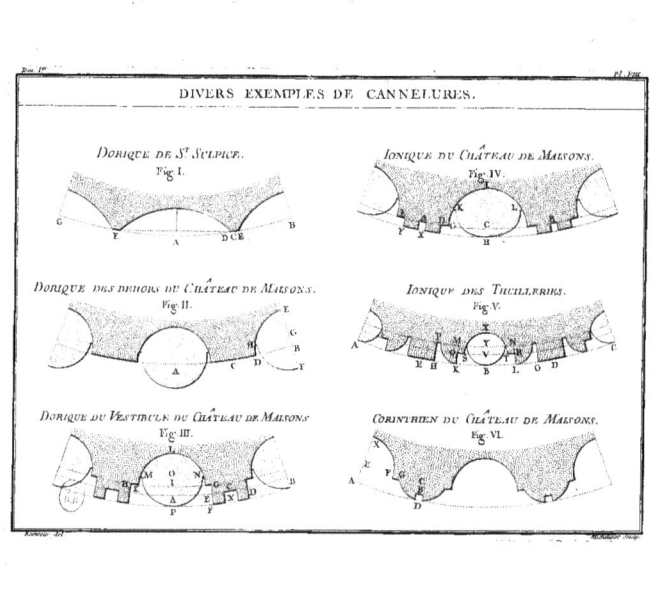

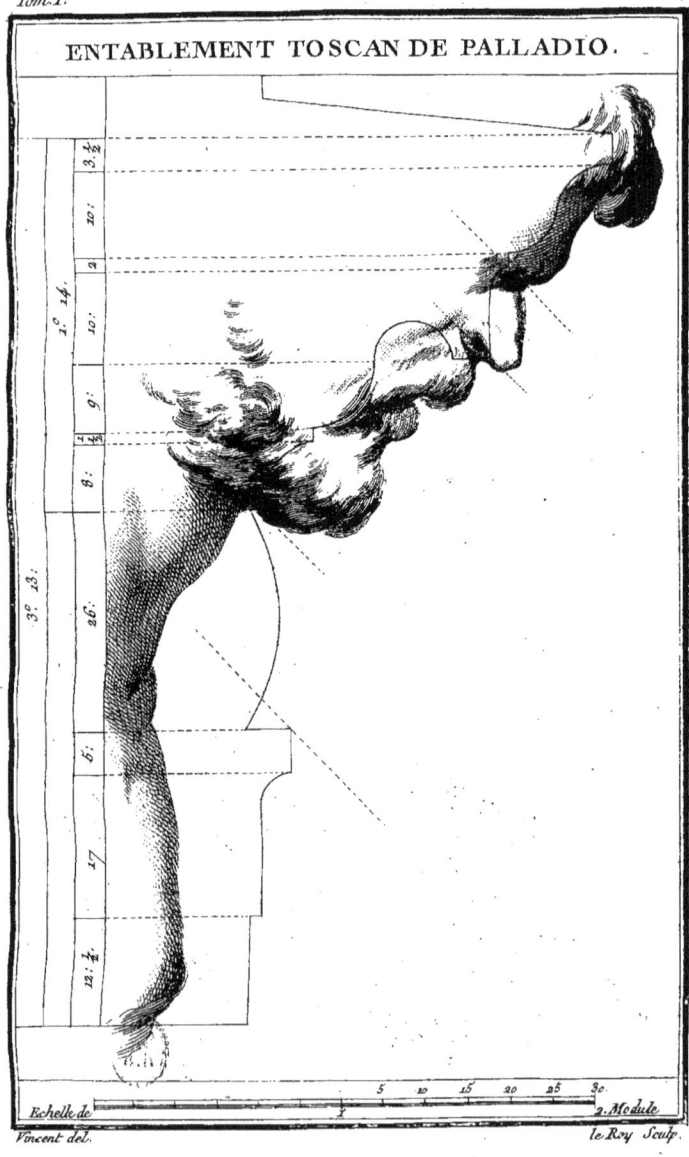

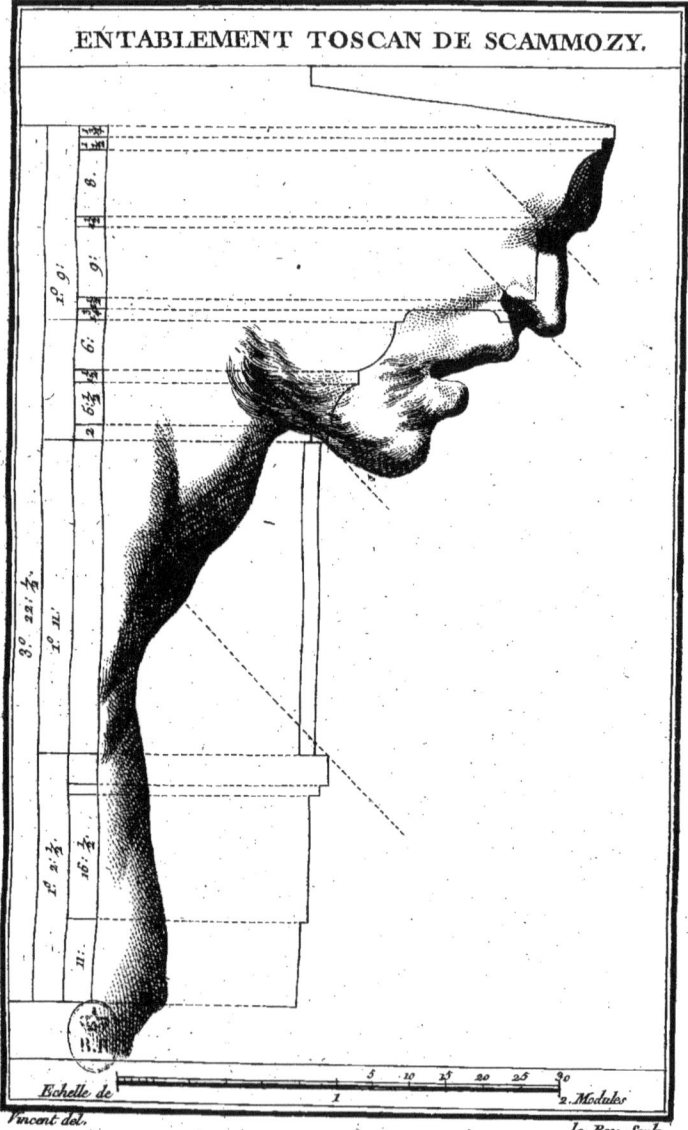

ENTABLEMENT TOSCAN DE VIGNOLE.

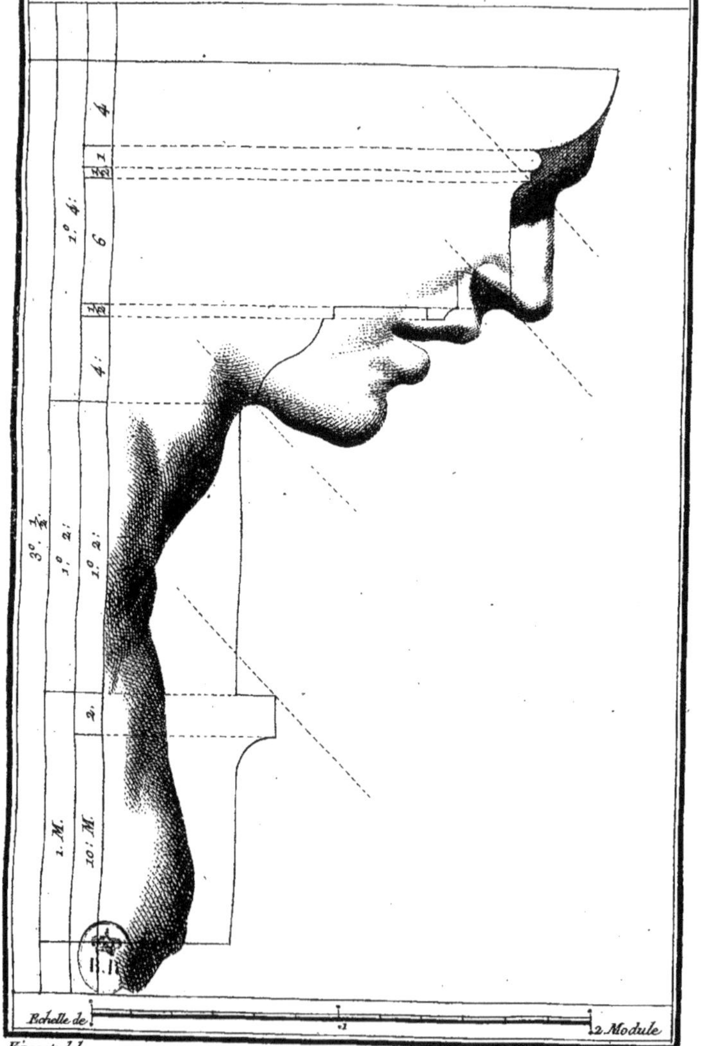

Vincent del. *le Roy Sculp.*

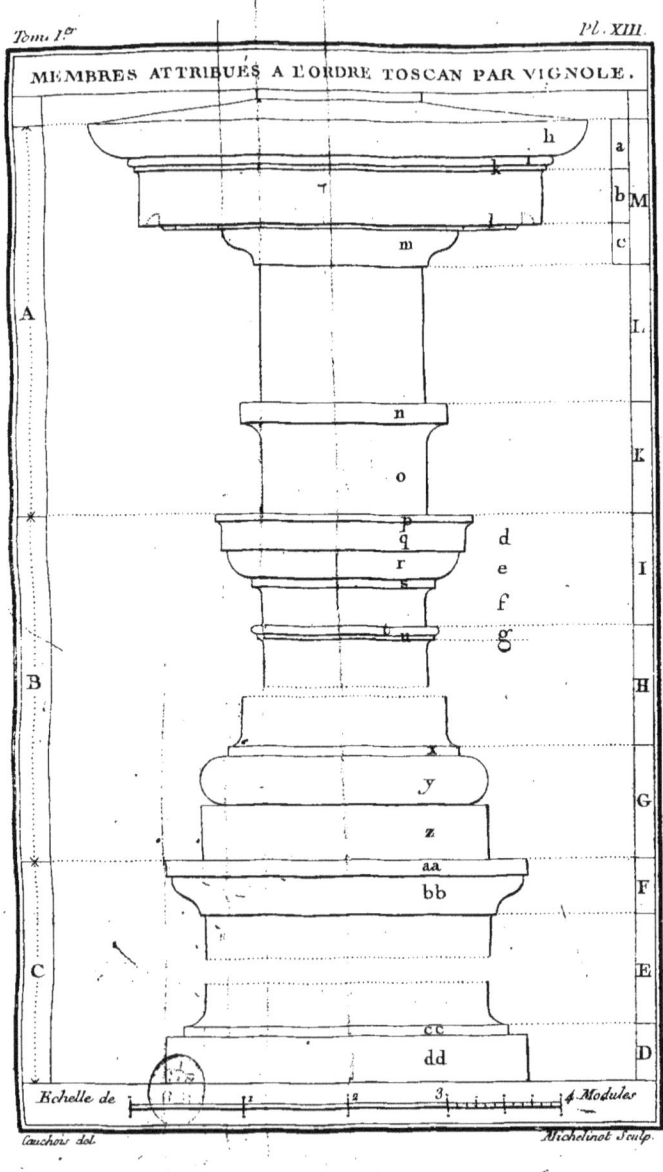

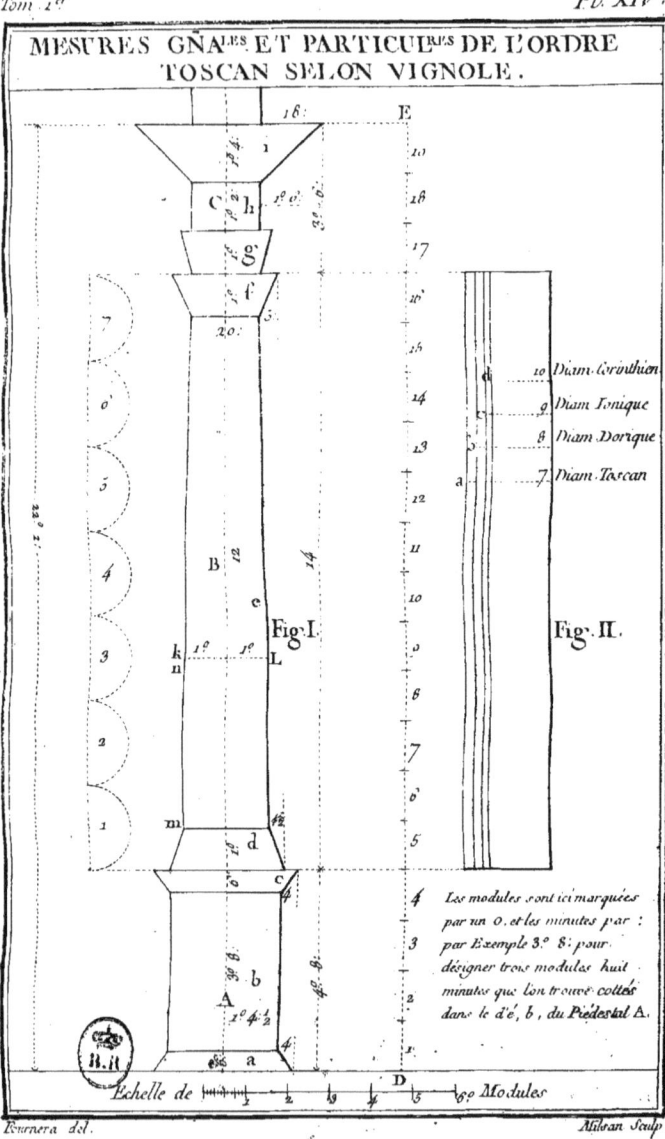

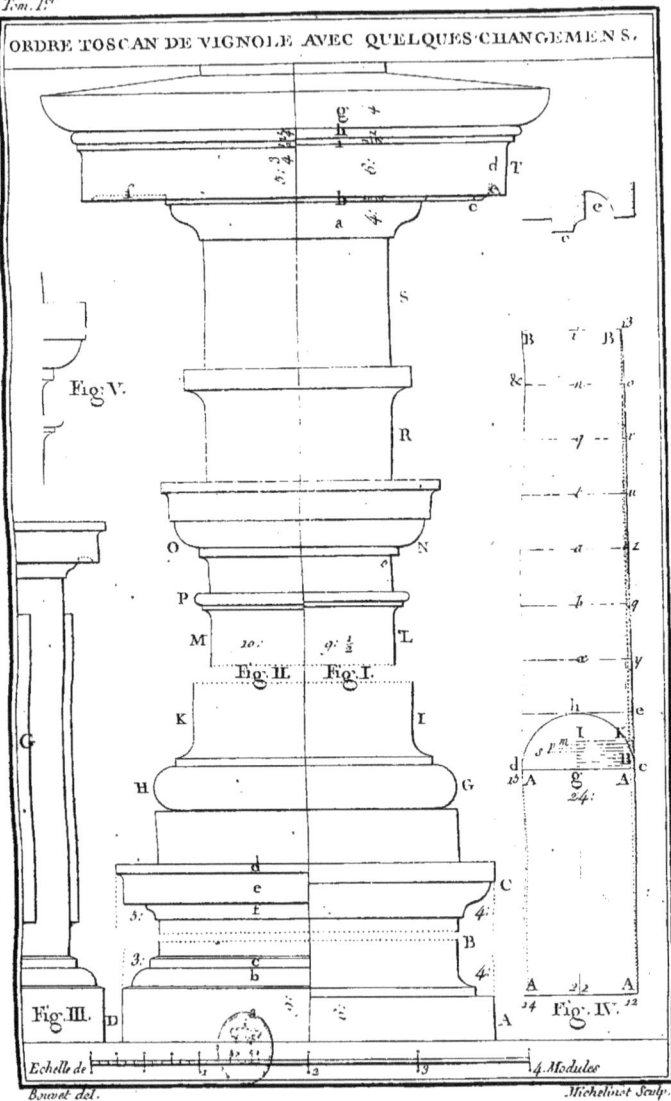

Tom. 1.er Pl. XVI.

ORDRE TOSCAN DE PALLADIO ET DE SCAMMOZY.

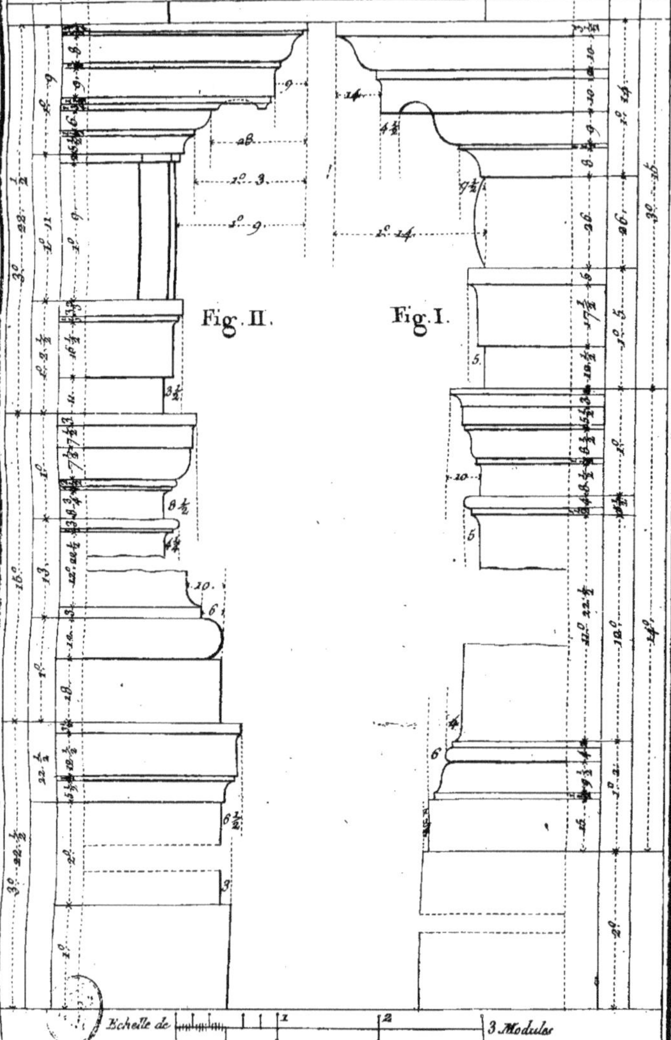

Fig. II.   Fig. I.

Echelle de |⎯⎯| 1 |⎯⎯| 2 |⎯⎯| 3 Modules

Cauchois id.   Milsan Sculp.

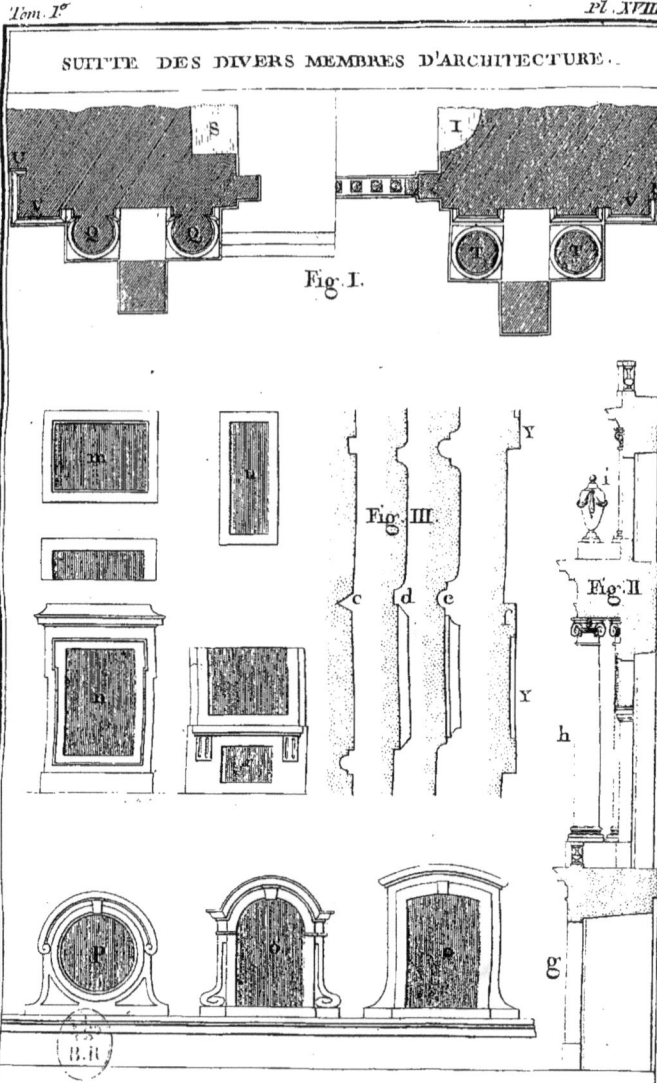

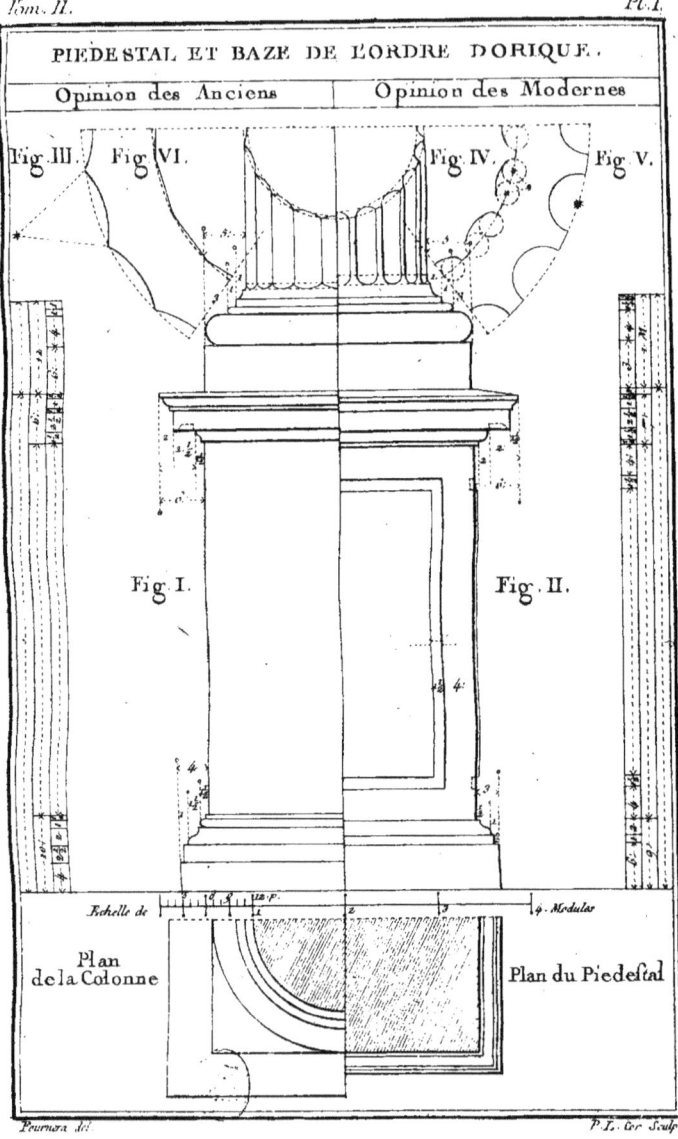

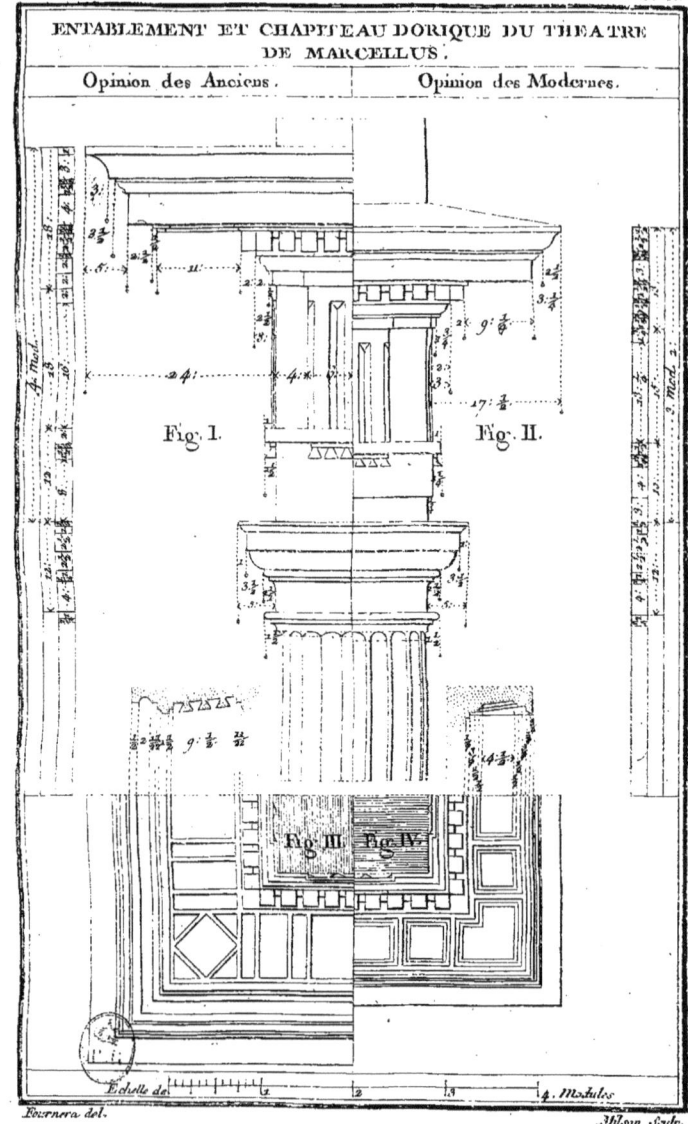

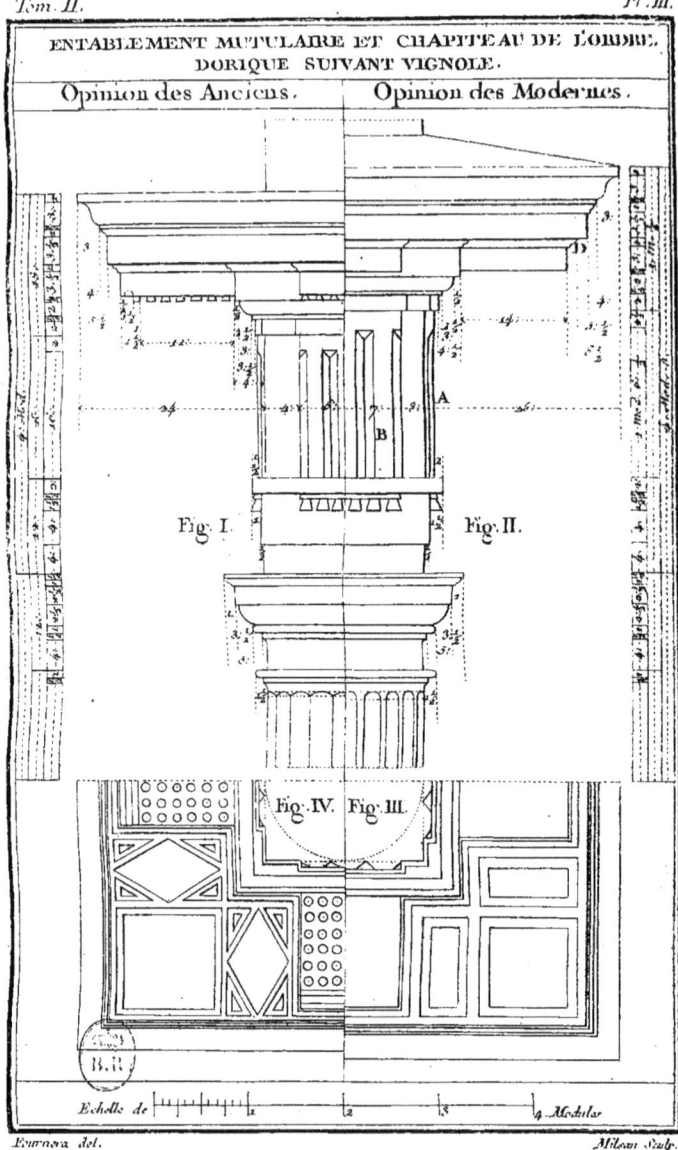

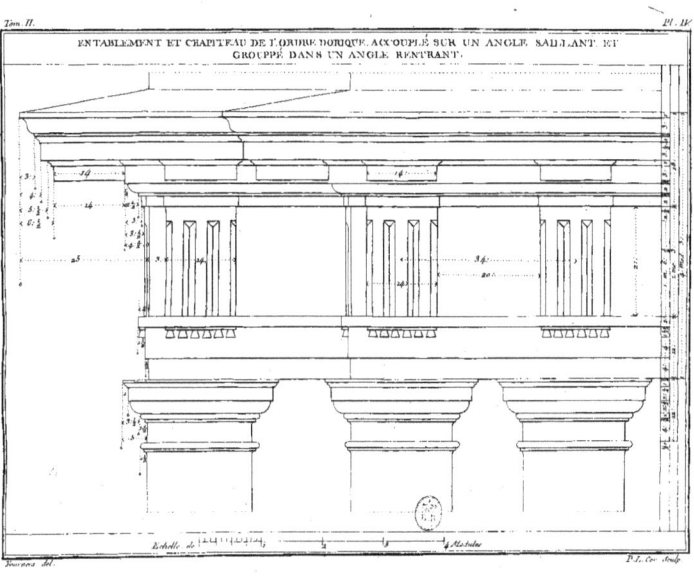

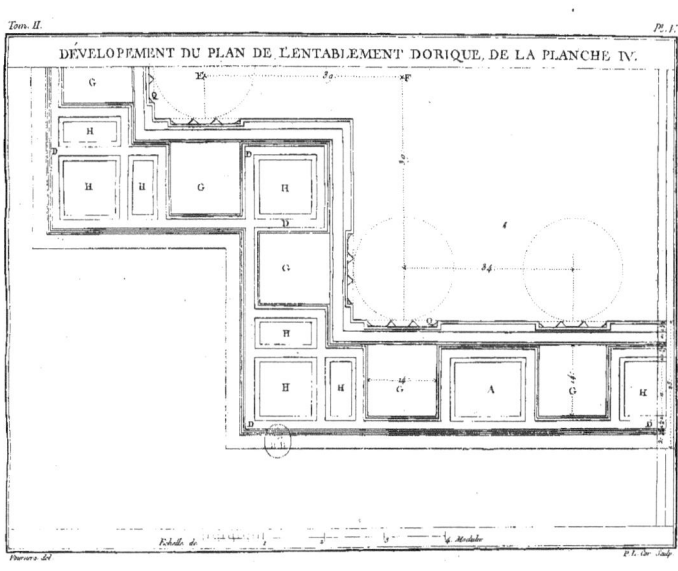

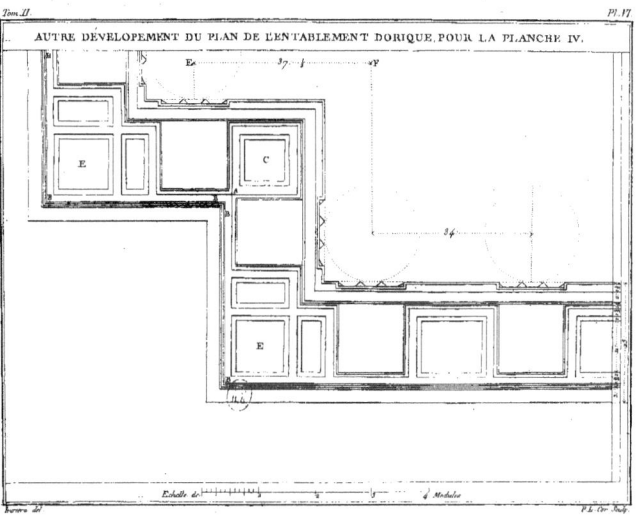

Tom. II.   Pl. VII.

ESPACEMENT DES COLONNES, SUIVANT LES ANCIENS ET LES MODERNES.

Les cinq manieres d'espacer les Colonnes, selon Vitruve.

A Pinostyle ou 3. Mod.
B Sistyle ou 4. Mod.
C Eustyle ou 4. Mod. ½.

D Décastyle ou 6. Modules.
E Aréostyle ou 8. Modules.

Accouplement de l'Ordre Dorique selon Vignole et dont les Bases se pénètrent.

F

Espacement de l'Ordre Dorique, selon les Modernes.

G   H   I
5. m. 8   8. mod. 6.

Grand Entrecolonnement

K
11. Mod. 4.

Le plus grand entrecolonnement possible.

L
14. Mod. 2.

Echelle de 1 2 3 4. Modules

Fournera del.   Milsan Sculp.

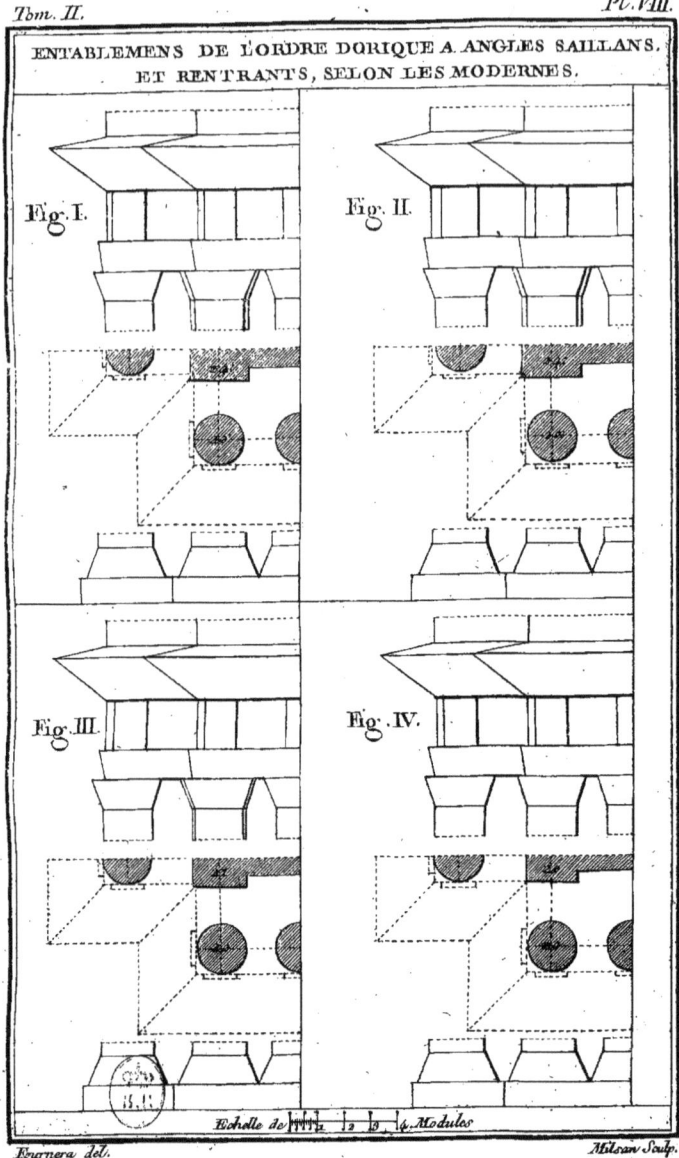

Tom. II. *Pl. IX.*

PORTIQUES DORIQUES AVEC ET SANS PIEDESTAL SUIVANT VIGNOLE.

Fig. II.   Fig. I.

Plans

Echelle de   4 Modules   Echelle de   4 Modules

Fournova del.   *Michelinot Sculp.*

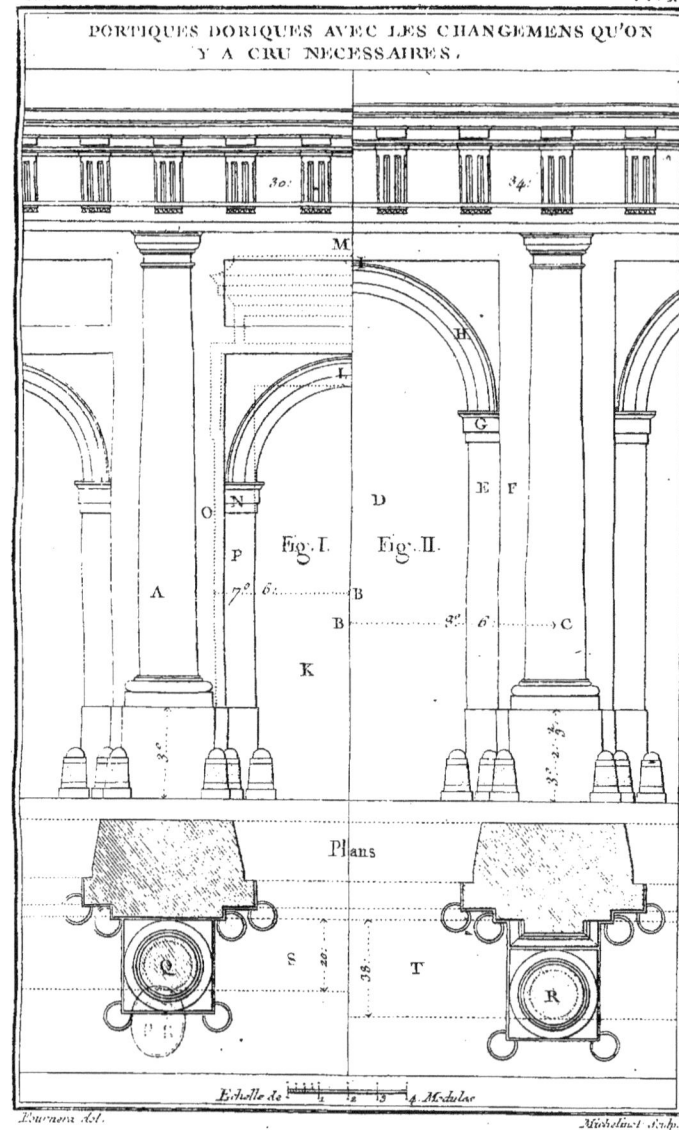

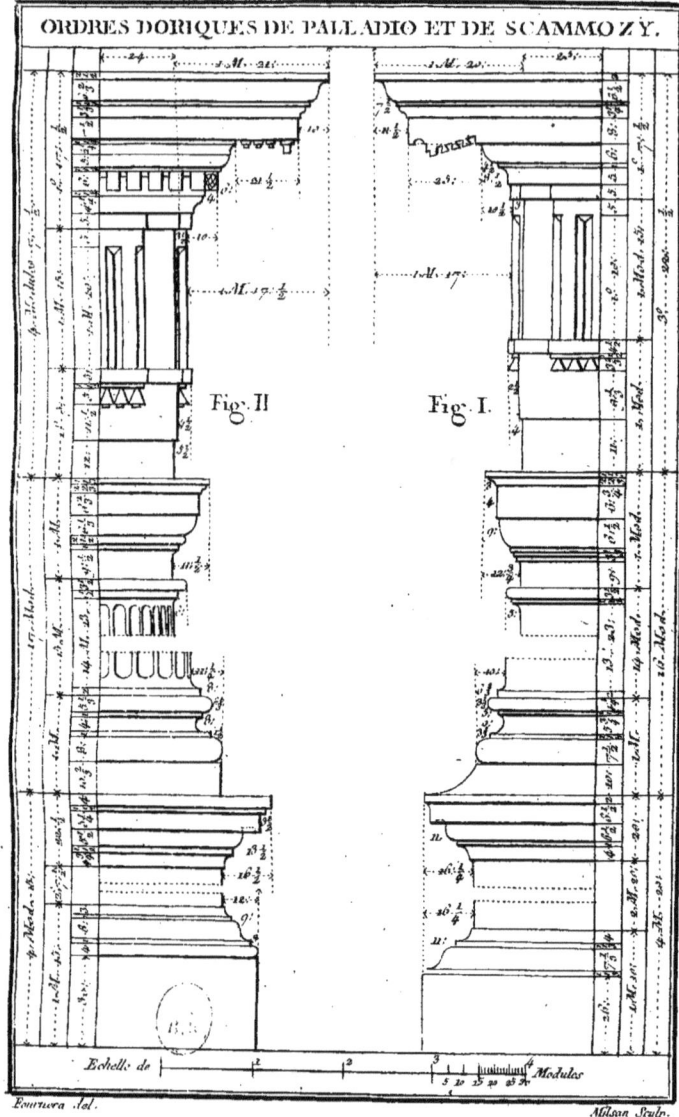

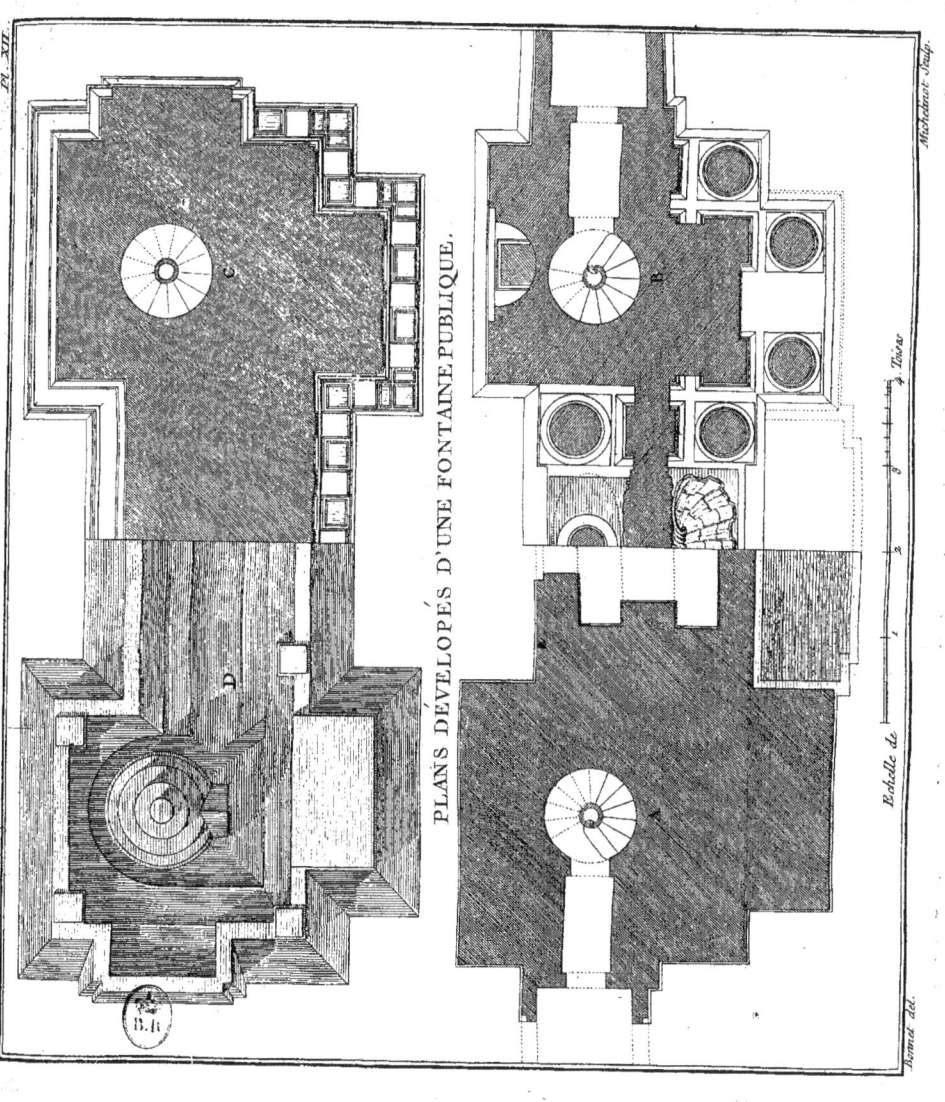

PLANS DÉVELOPÉS D'UNE FONTAINE PUBLIQUE.

Échelle de

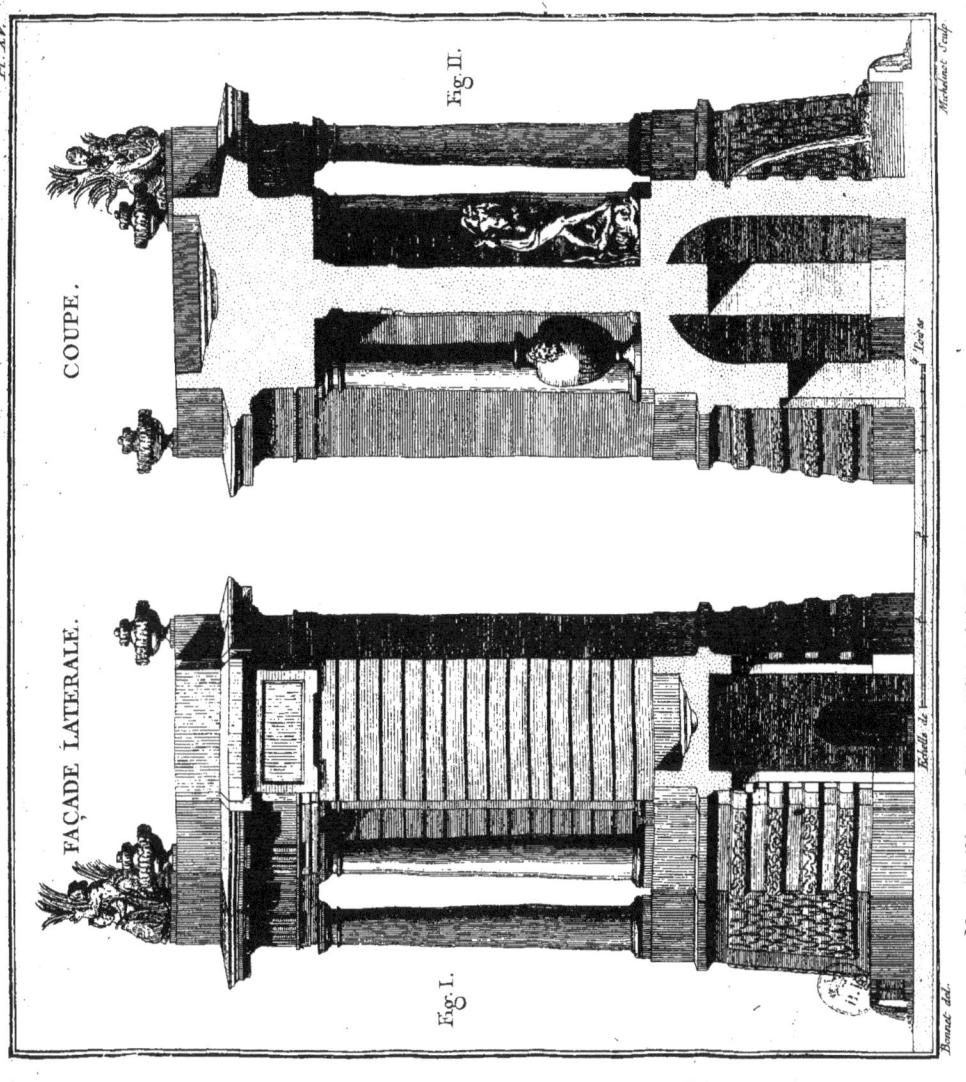

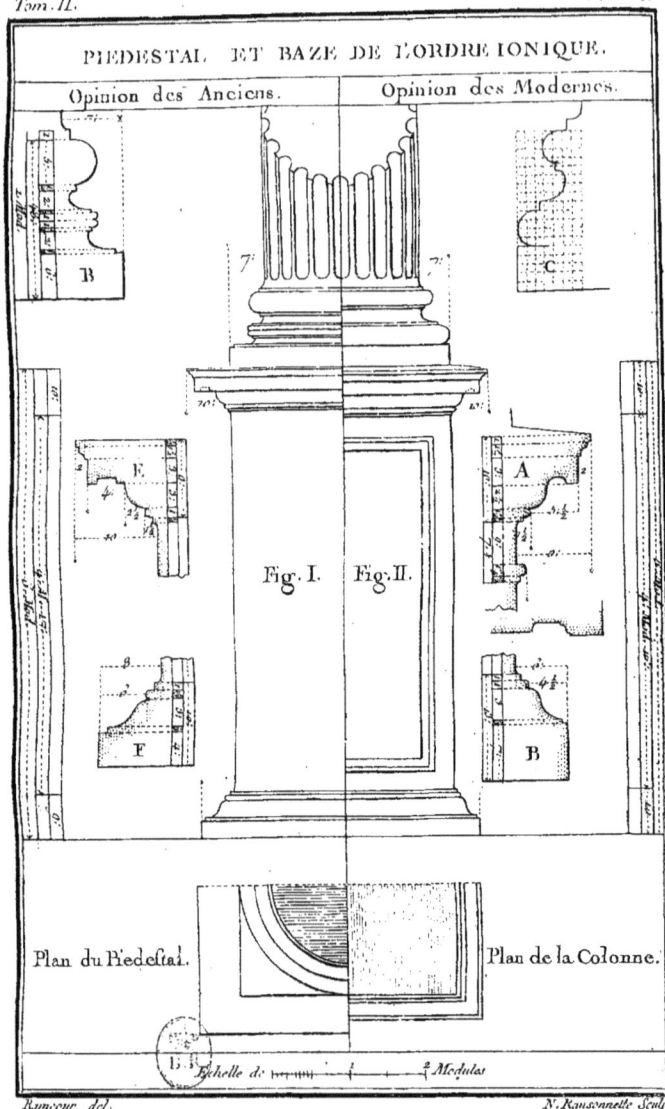

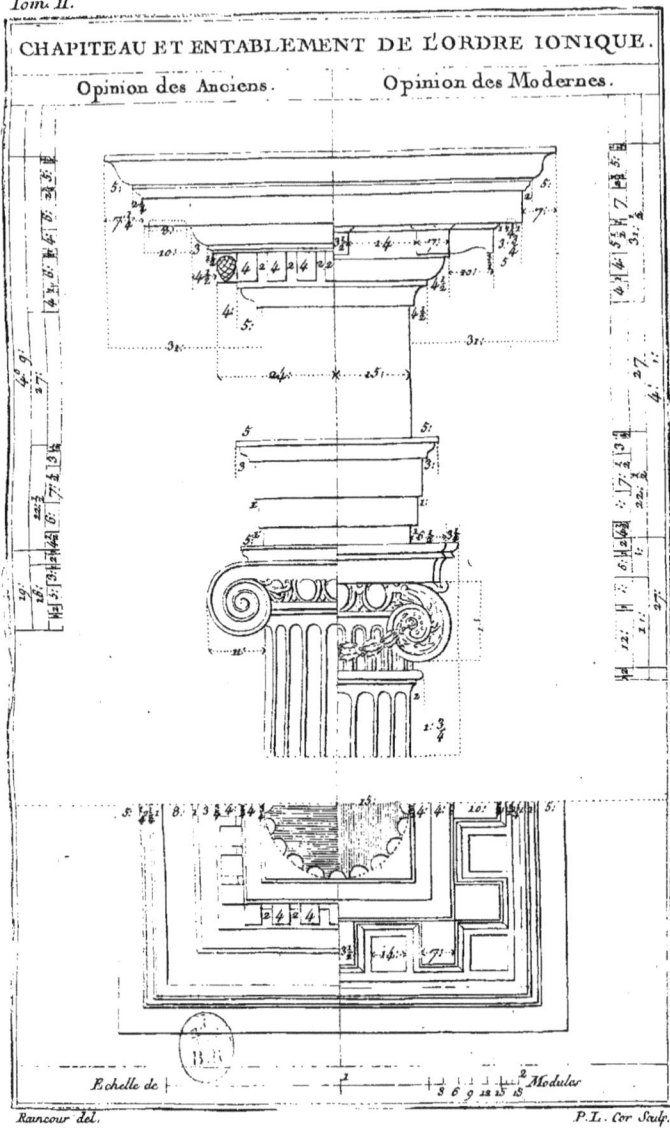

Tom. II. Pl. XVIII.

DEVELOPEMENT DU CHAPITEAU IONIQUE ANTIQUE.

Chapiteau vu de face.

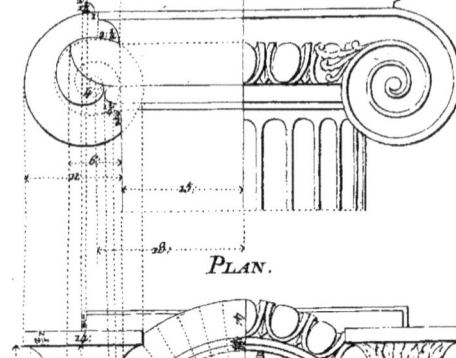

Plan.

Chapiteau vu sur le coté.

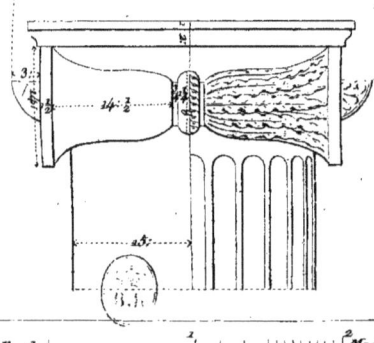

Echelle de |———|———|——|—————| Modules

Renard del. P. L. Cor Sculp.

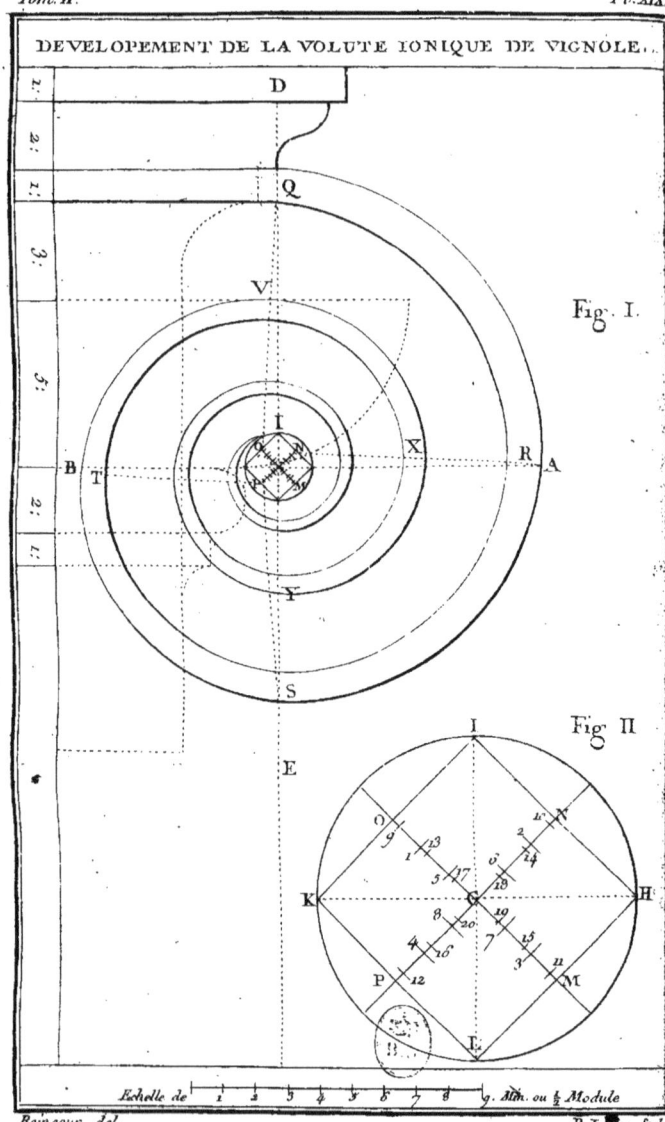

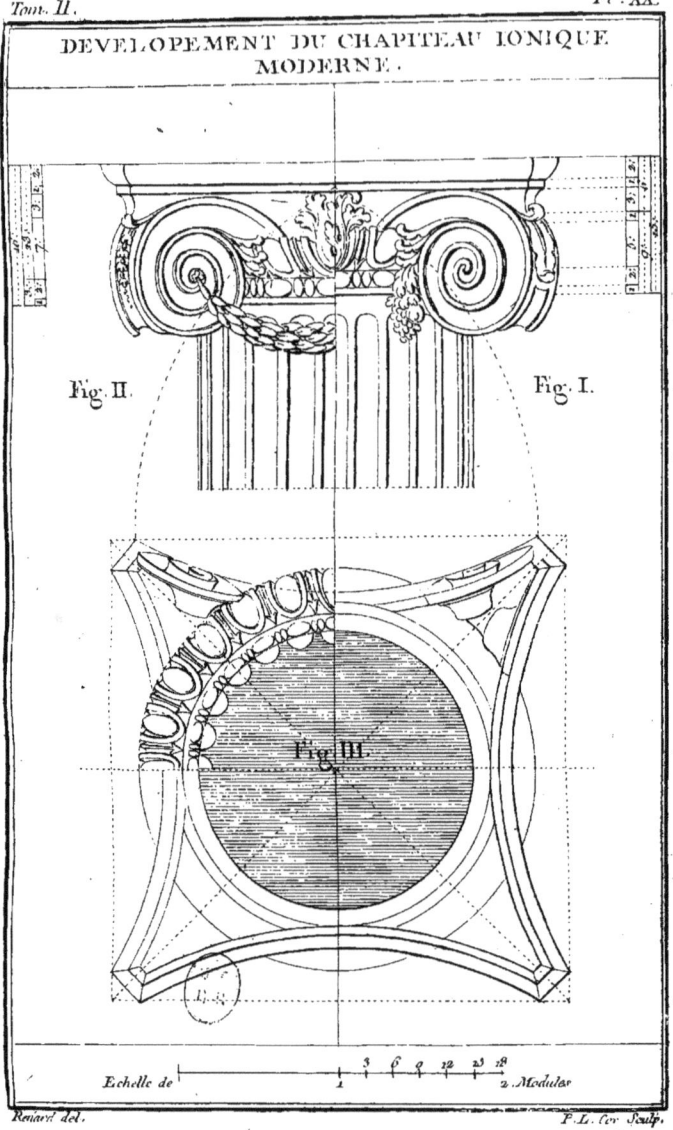

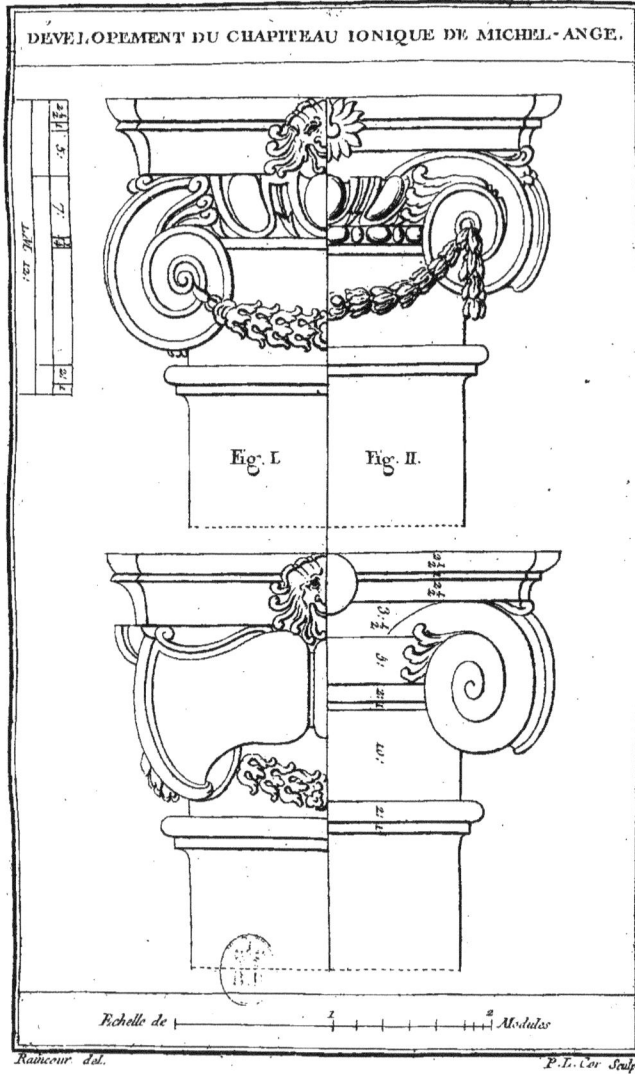

DÉVELOPEMENT DU CHAPITEAU IONIQUE DE MICHEL-ANGE.

Fig. I.   Fig. II.

Echelle de   1   2 Modules

Raincour del.   P. L. Cor Sculp.

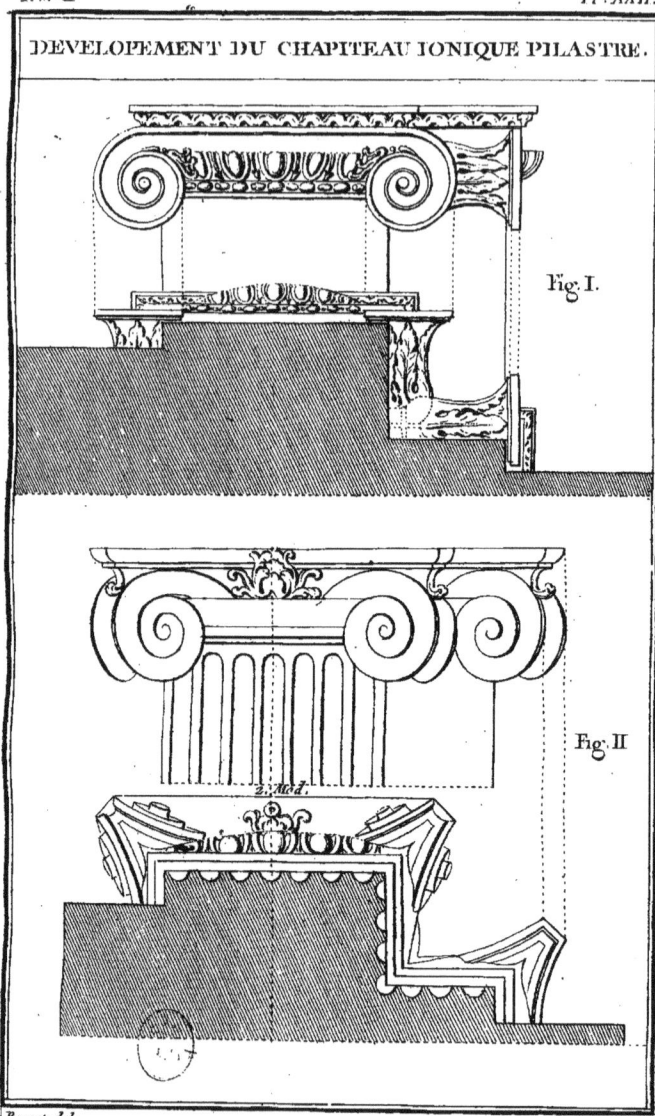

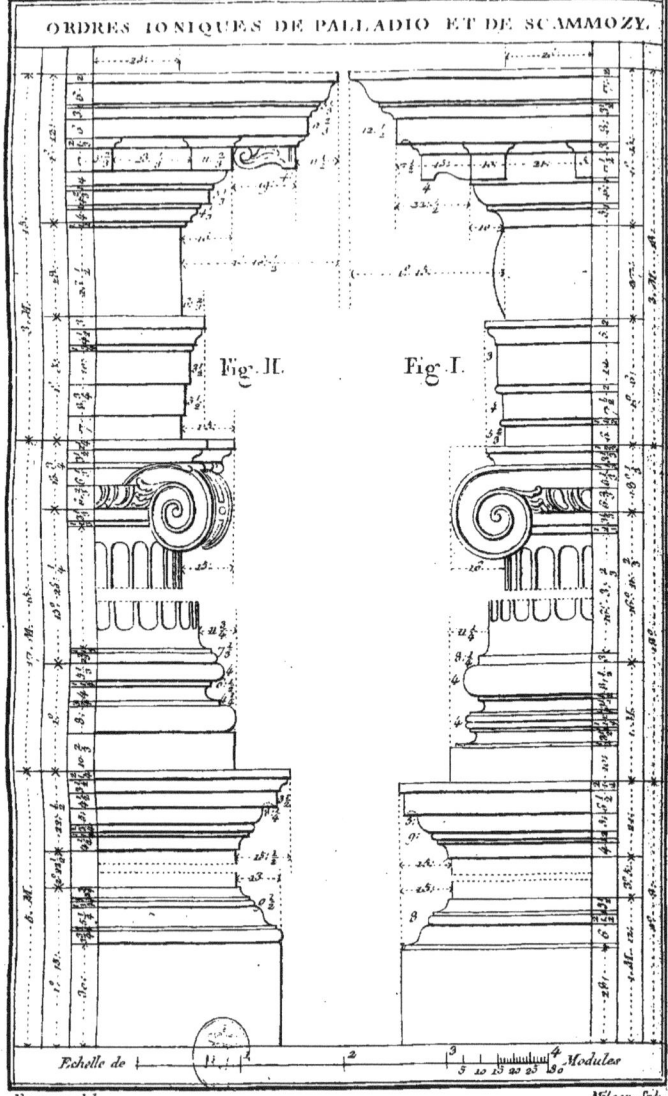

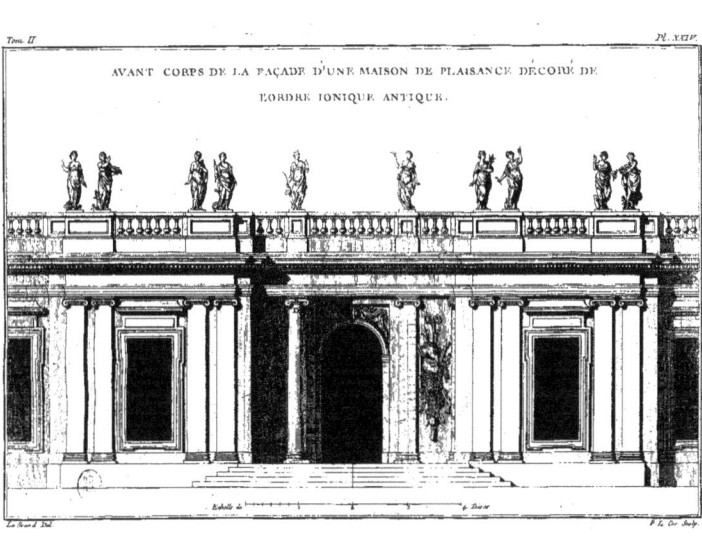

AVANT CORPS DE LA FAÇADE D'UNE MAISON DE PLAISANCE DÉCORÉ DE L'ORDRE IONIQUE ANTIQUE.

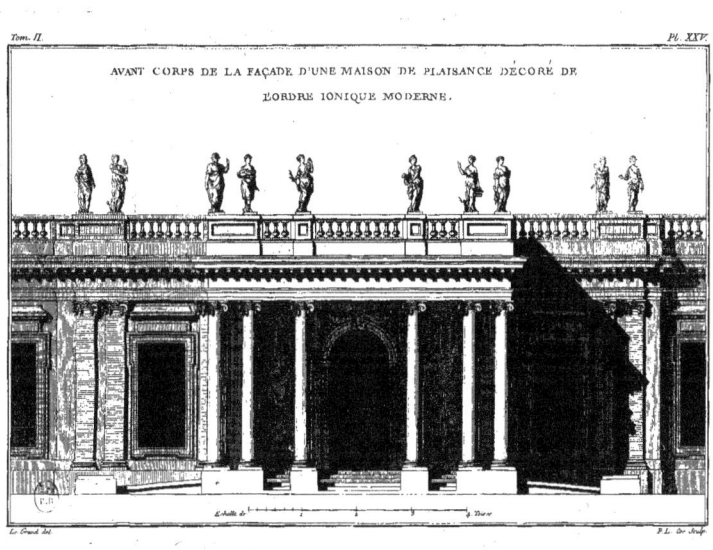

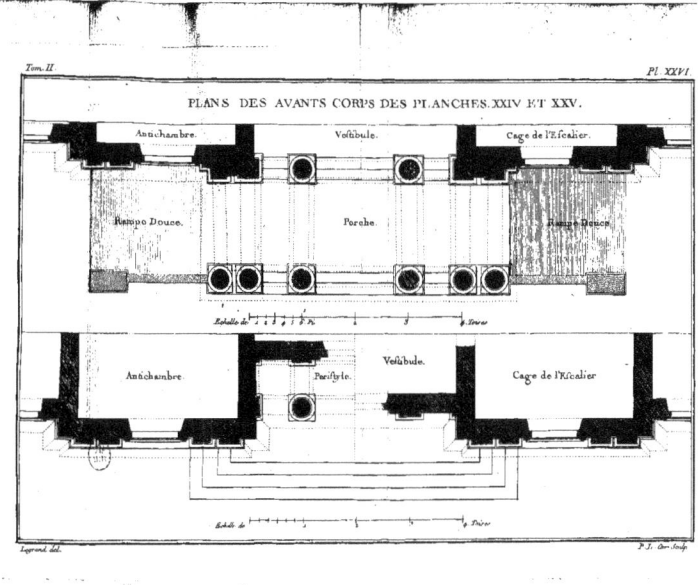

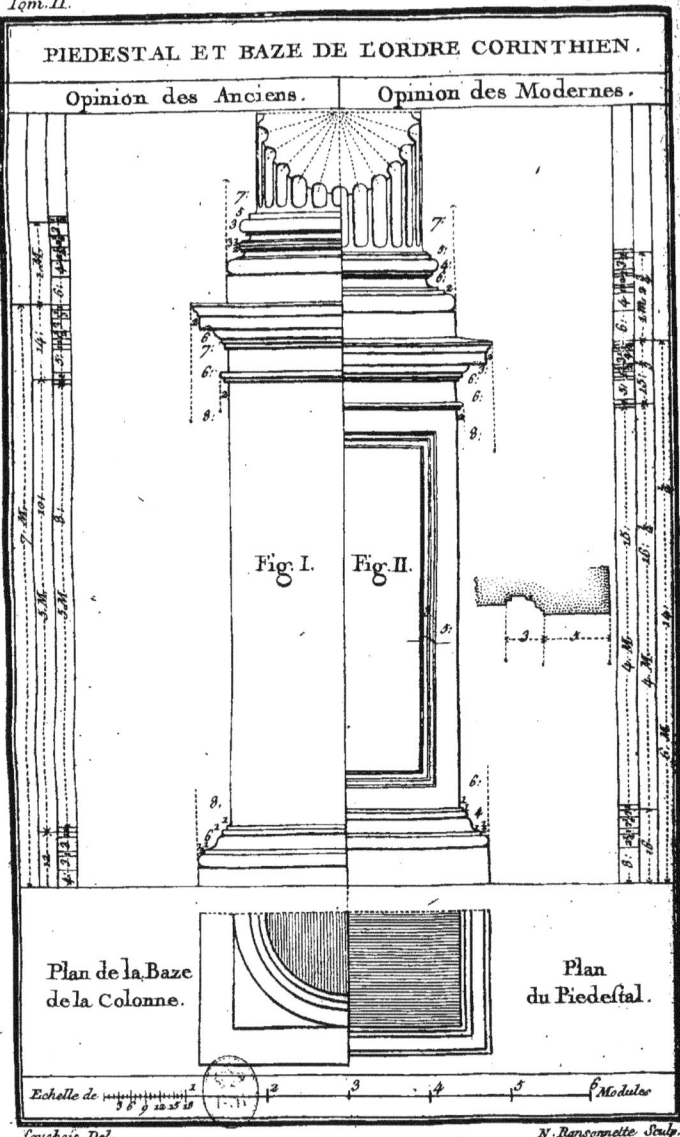

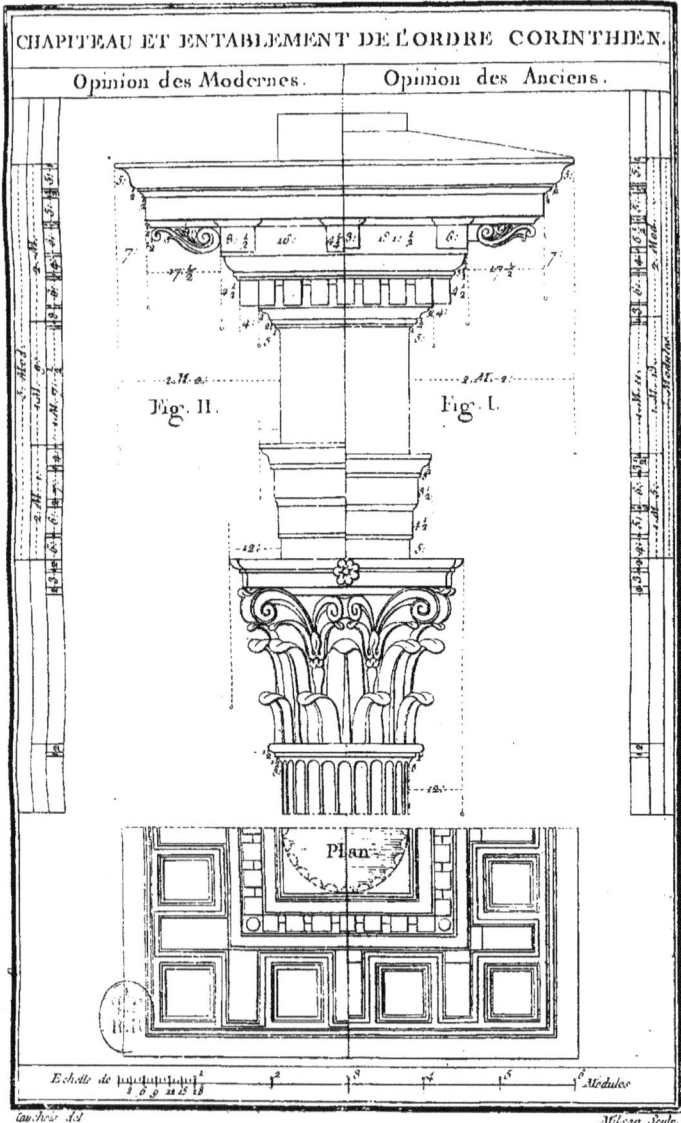

Tom. II. Pl. XXIX

Feuille d'Olivier.

Feuille de Persil.

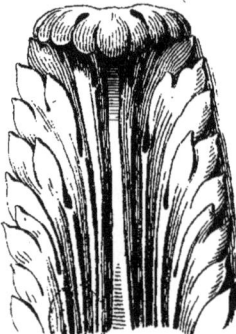
Feuille de Laurier.

Feuille d'Acanthe.

Desprez del. Marillier Sculp.

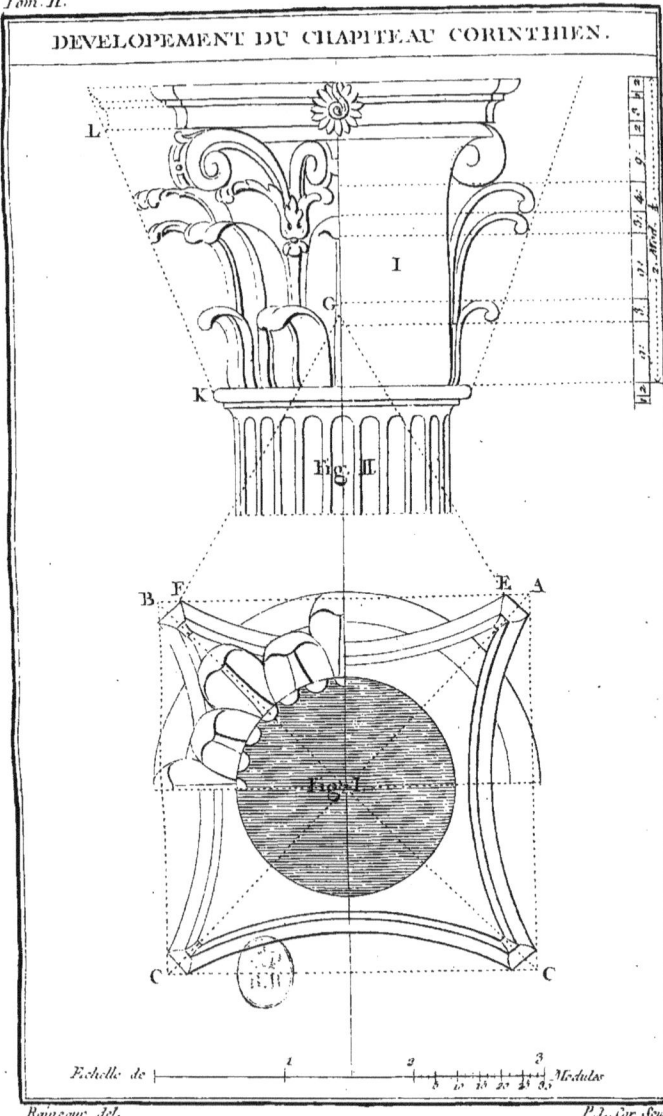

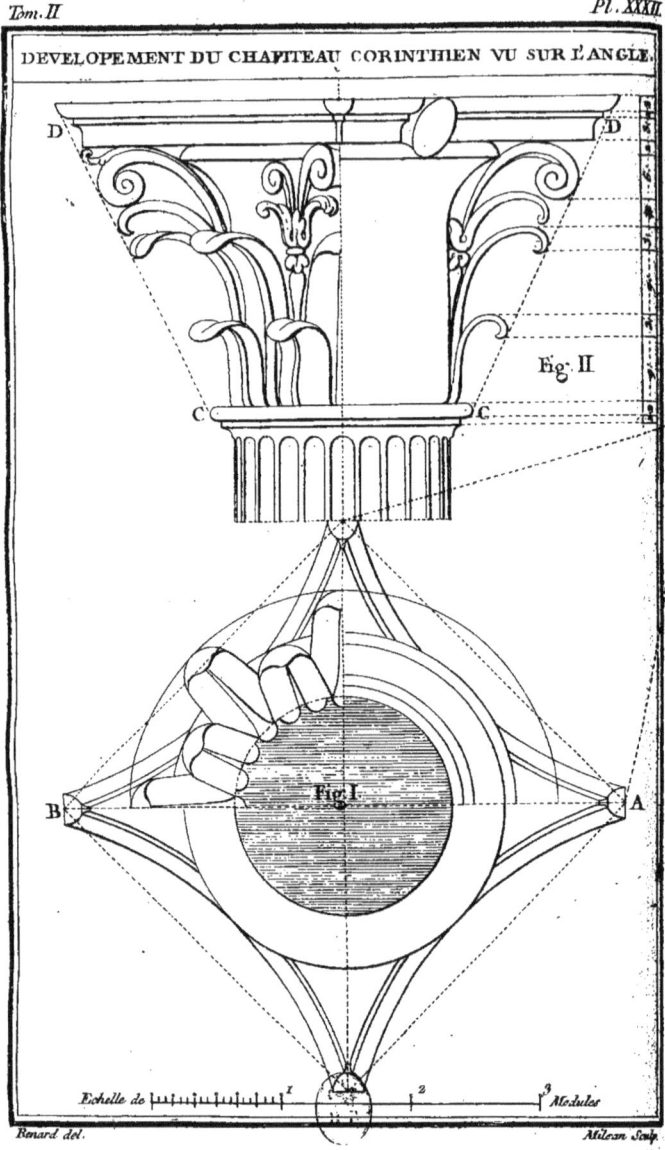

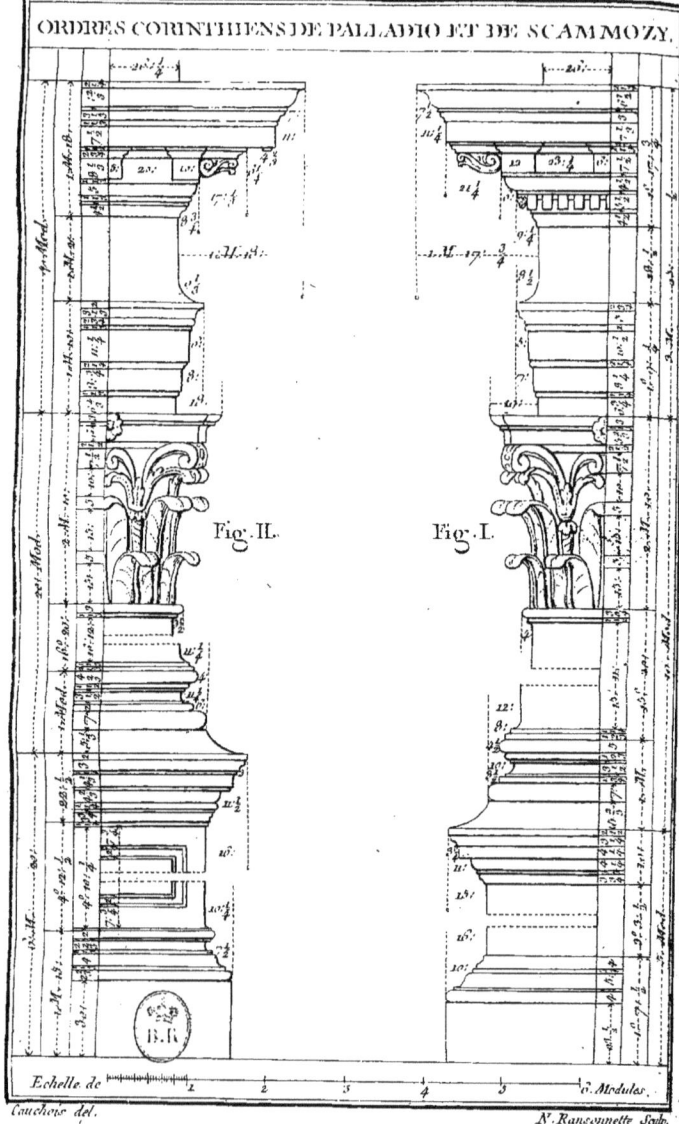

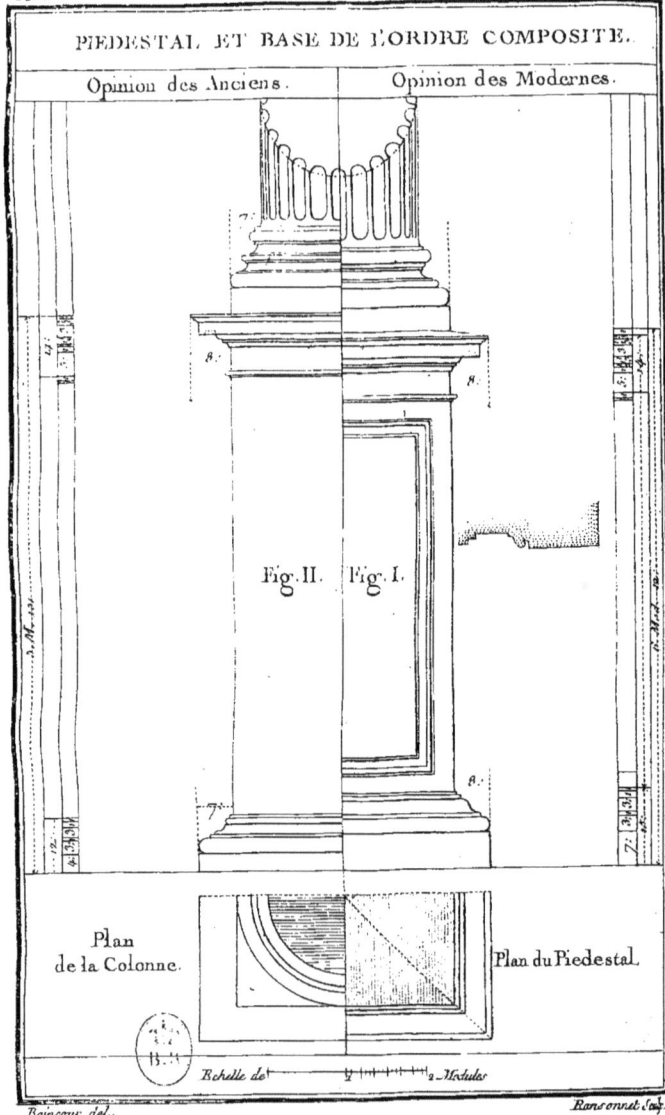

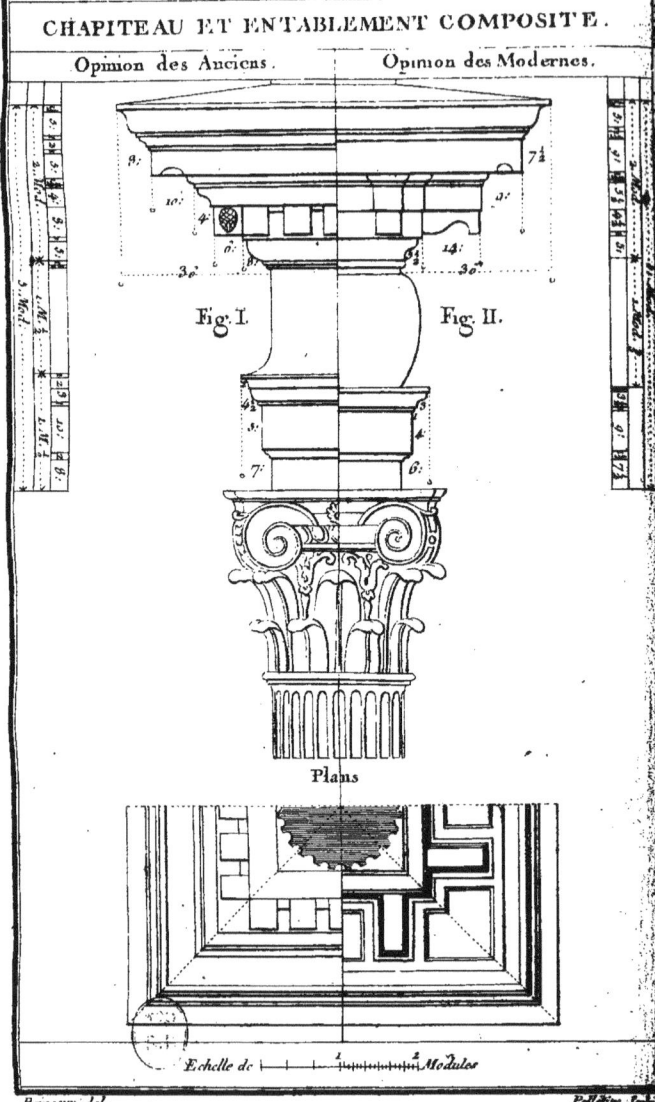

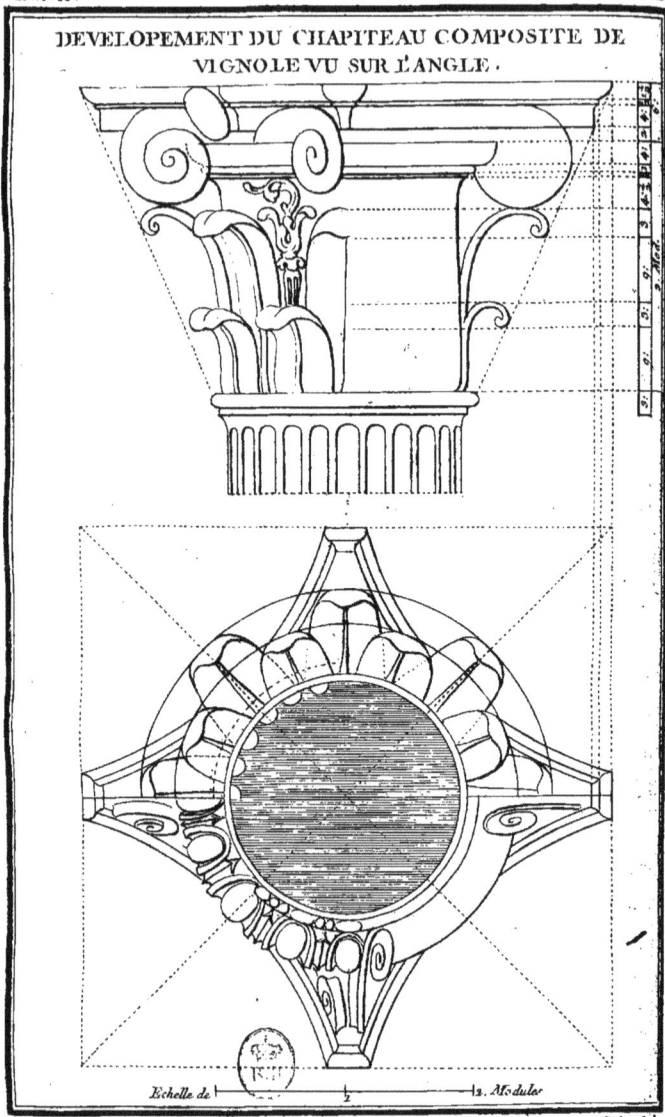

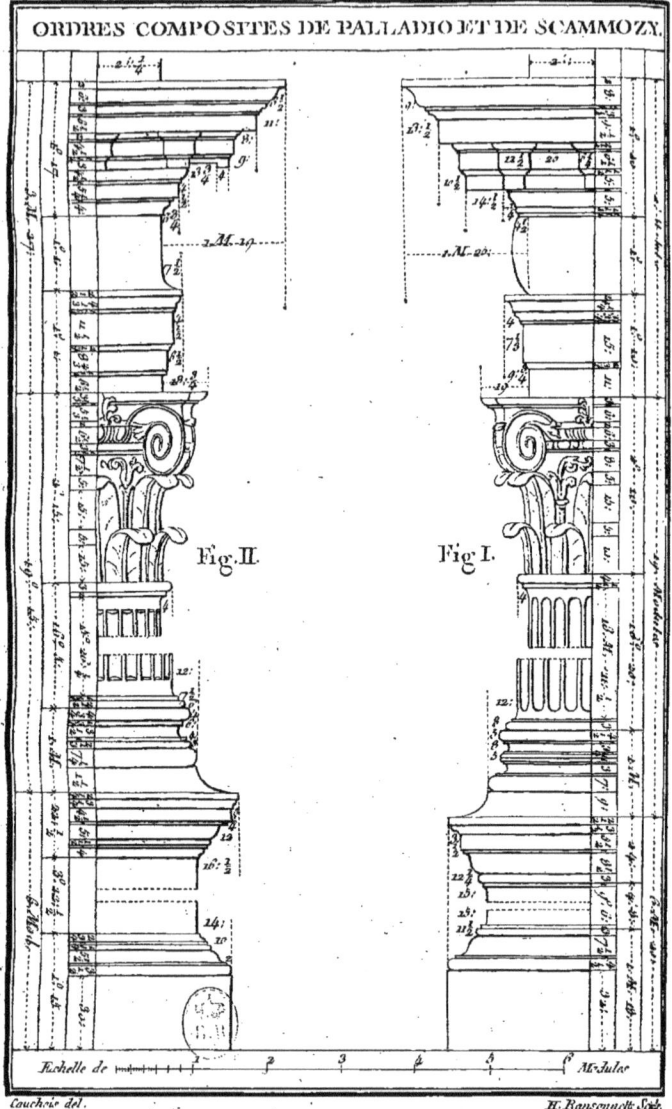

MANIERE DE TRACER LA COLONNE TORSE.

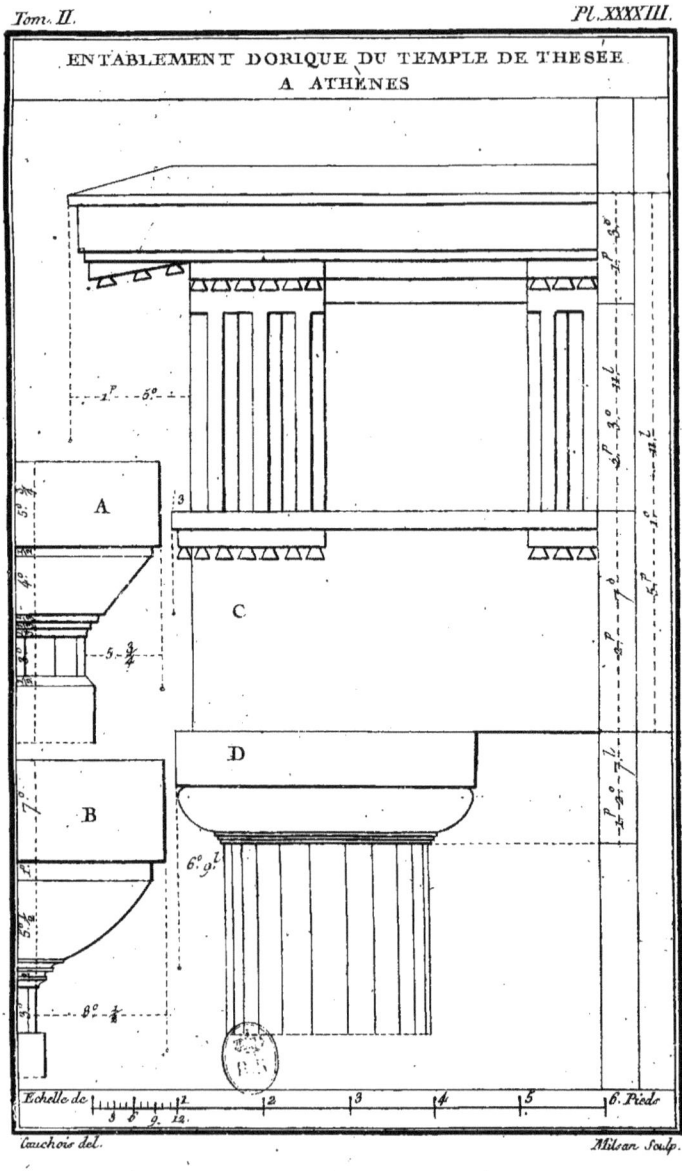

Tom. II.   Pl. XXXXIV.

ENTABLEMENT DORIQUE DU TEMPLE DE MINERVE
A ATHENES.

Echelle de 1 2 3 4 5 6. Pieds

Tom. II.   Pl. XXXXV.

ENTABLEMENT DORIQUE DU TEMPLE D'AUGUSTE
A ATHENES.

Echelle de   Po.   Pieds

Couchois del.   Milcent Sculp.

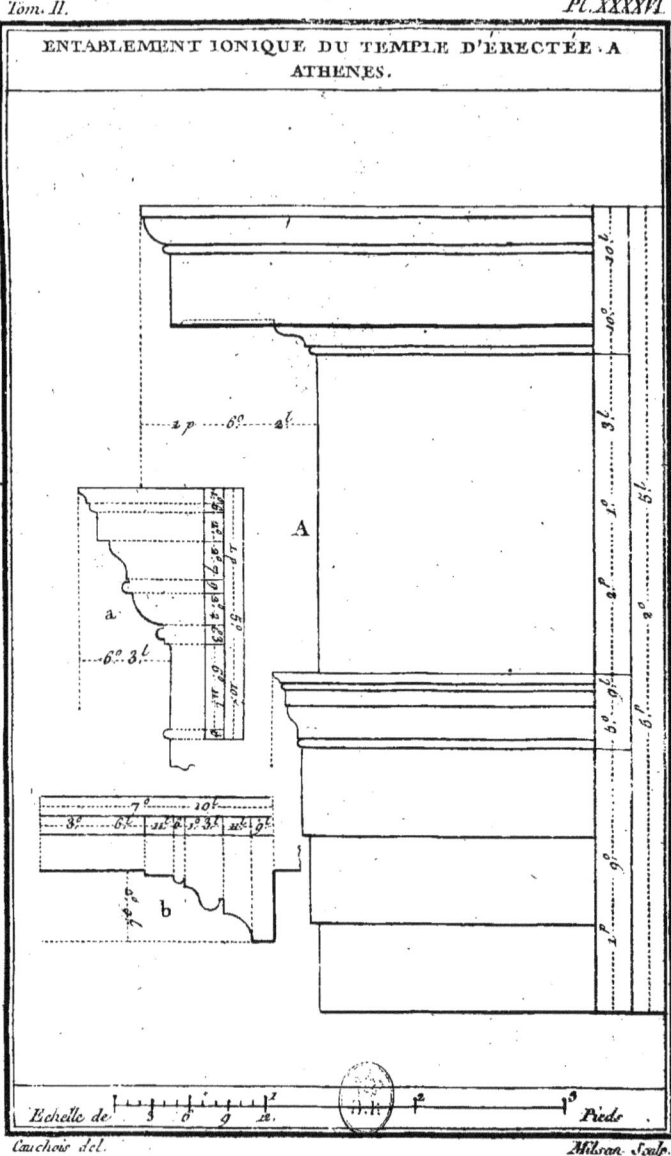

Tom. II.   Pl. XLVII.

CHAPITEAU IONIQUE DU PERISTYLE DU TEMPLE D'ERECTÉE A ATHENES.

Bonard del.   P.L. Cor Sculp.

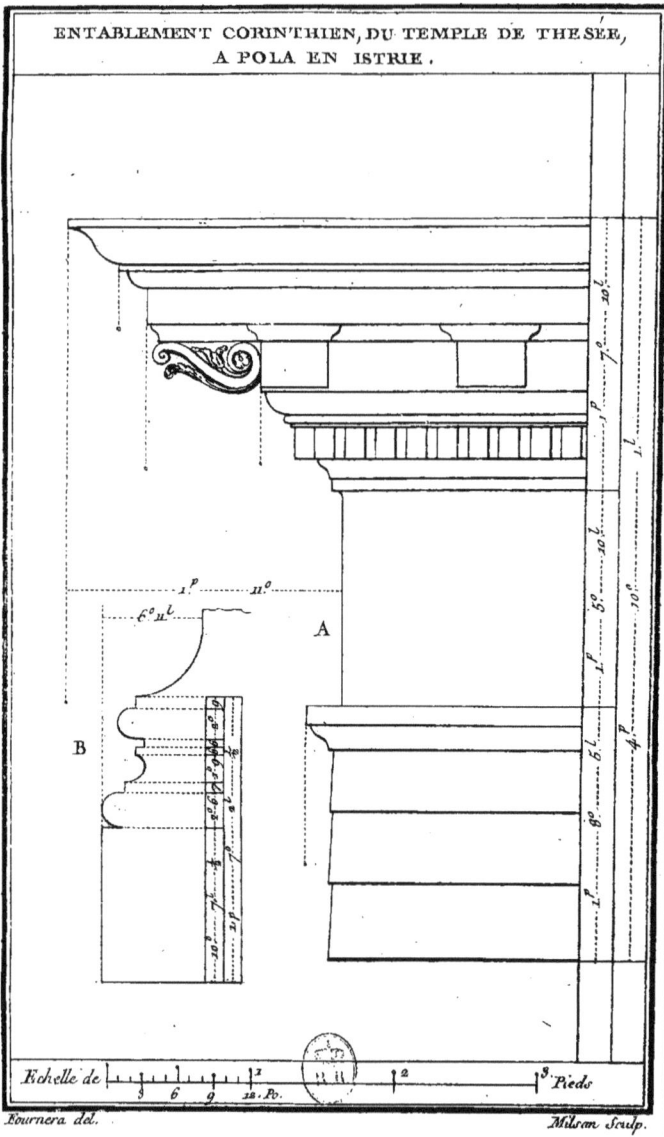

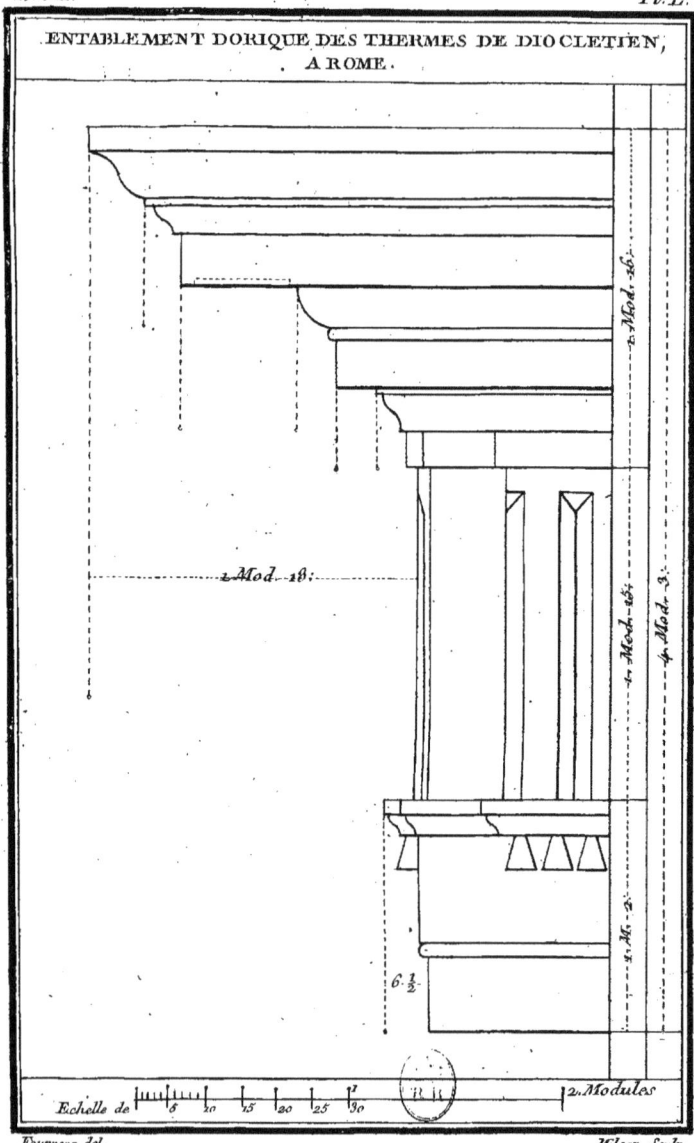

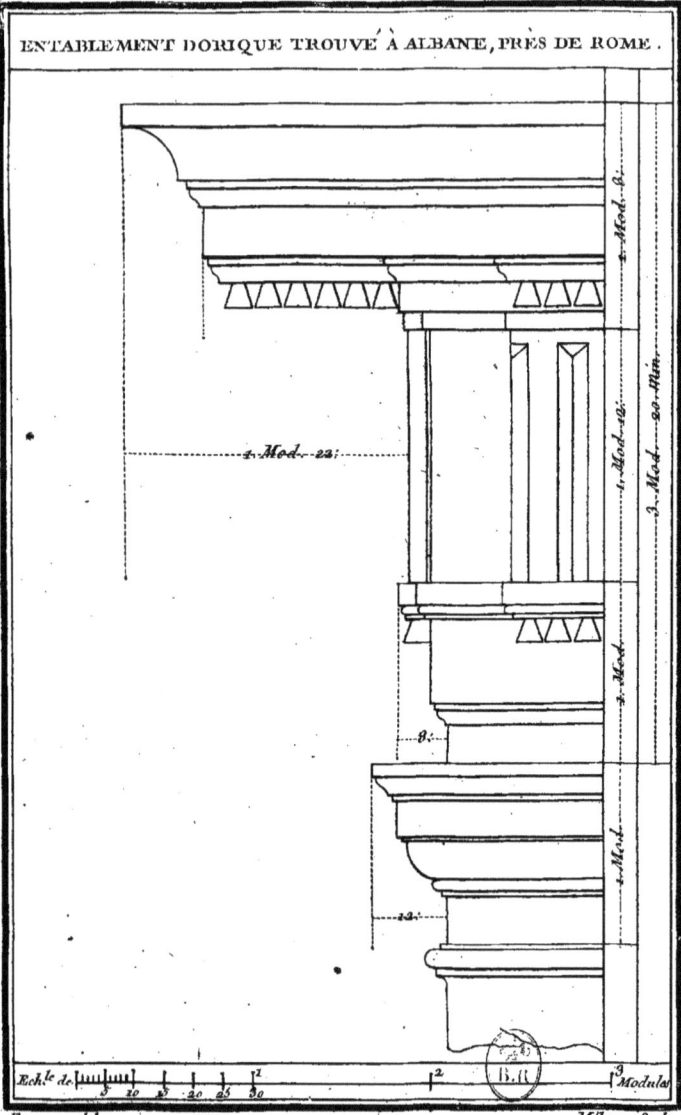

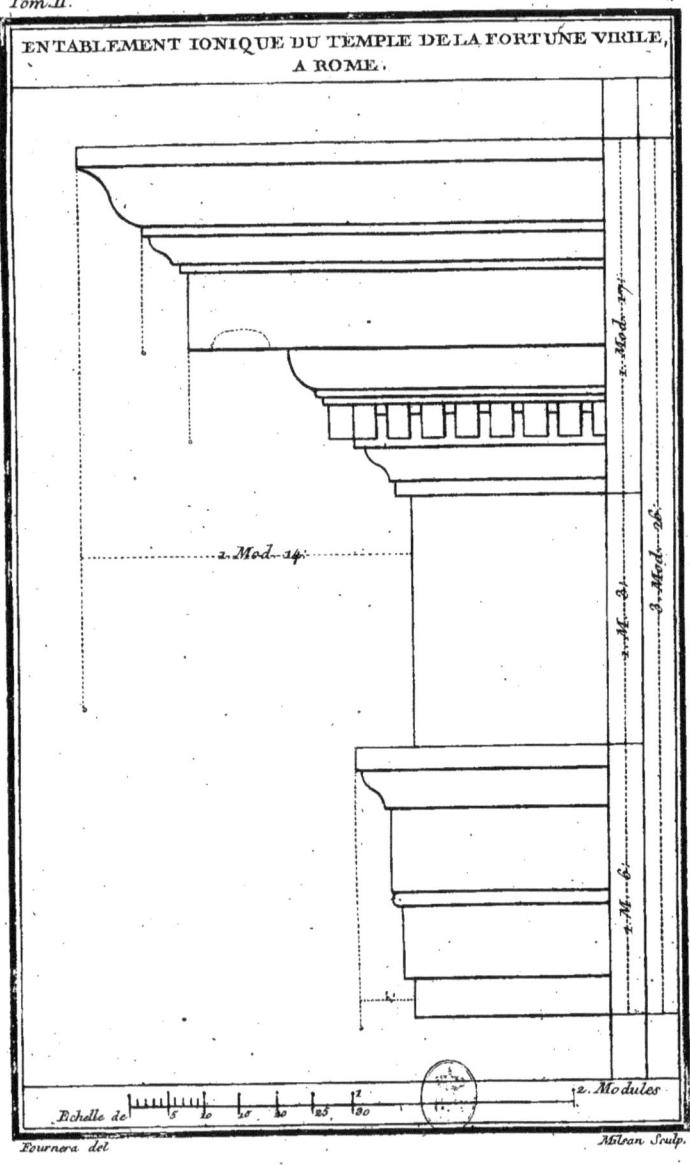

Tom. II.   Pl. LIII.

ENTABLEMENT IONIQUE DES THERMES DE DIOCLETIEN, A ROME.

Echelle de ... 2. Modules

Tournera del.   Milsan Sculp.

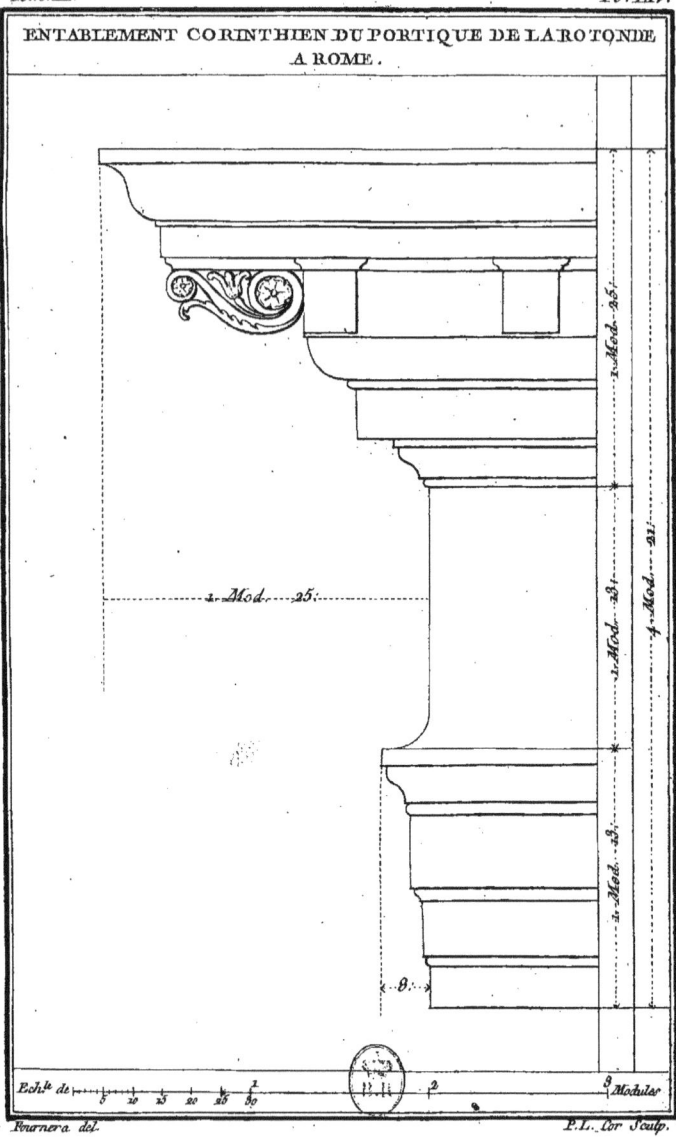

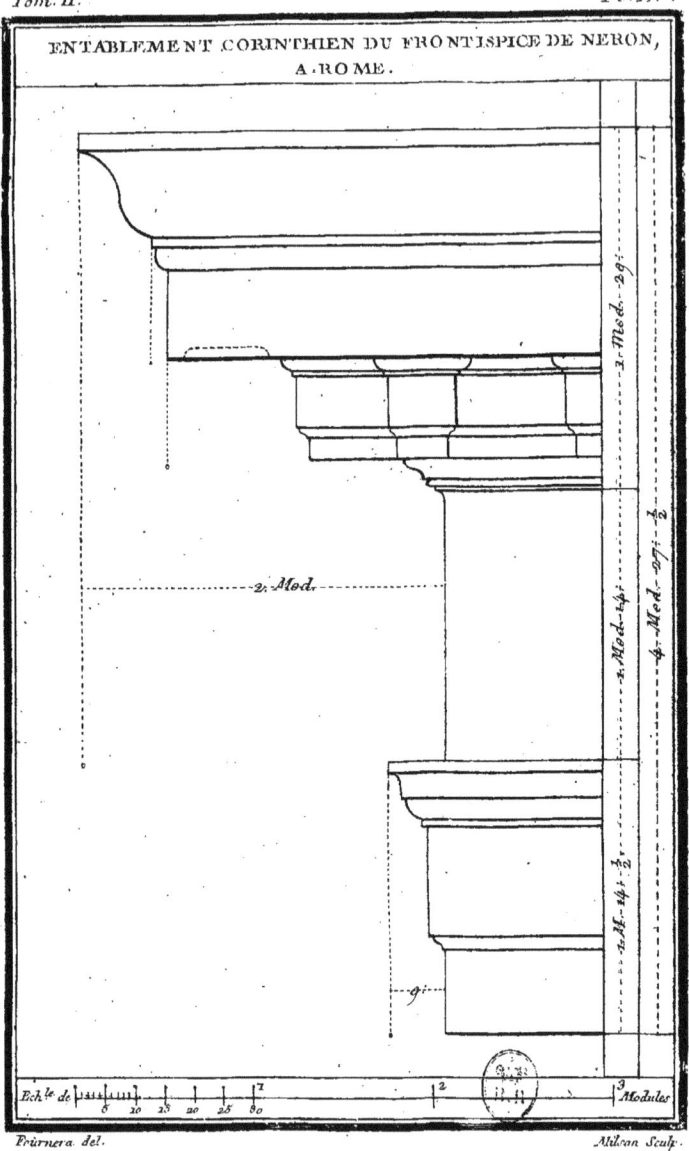

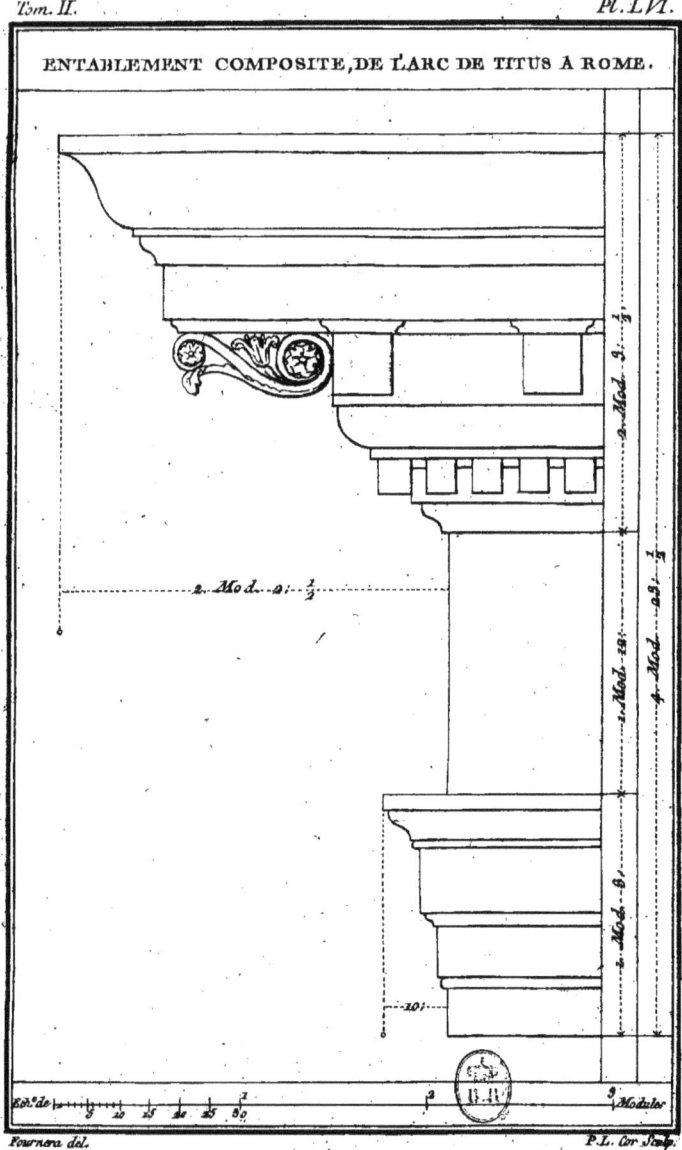

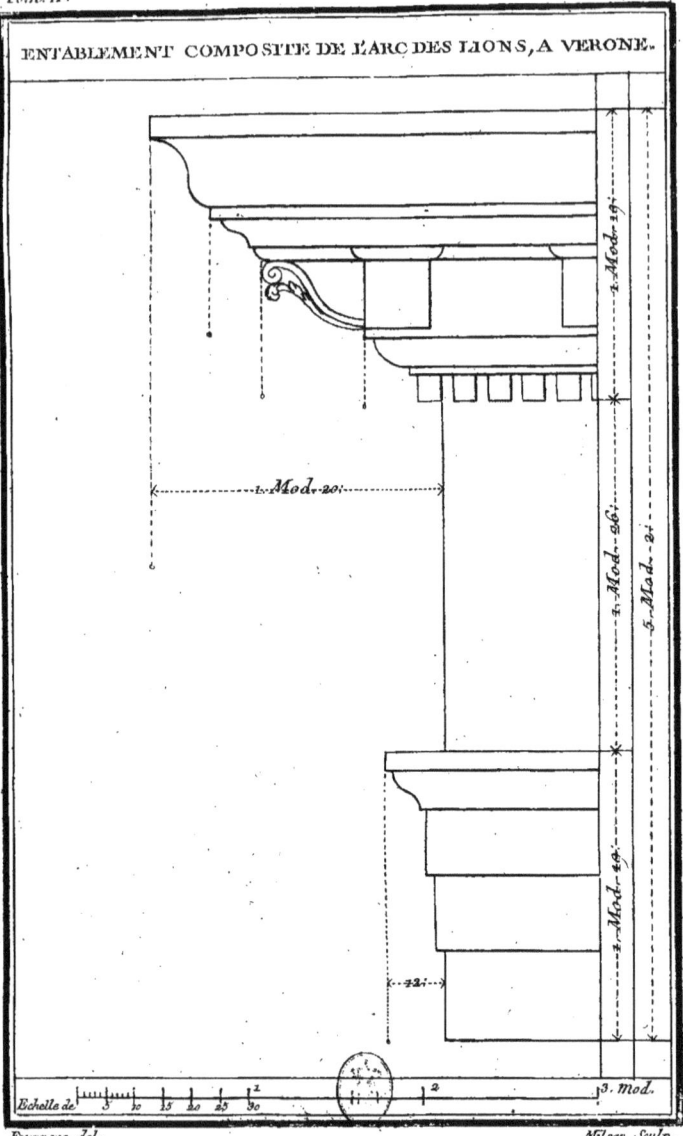

Tom. II. Pl. LVIII.

ENTABLEMENT DORIQUE DE LEON BAP.TI ALBERTI.

Fournera del. P.L. Cor Sculp

ENTABLEMENT DORIQUE DE PHILIBERT DE LORME.

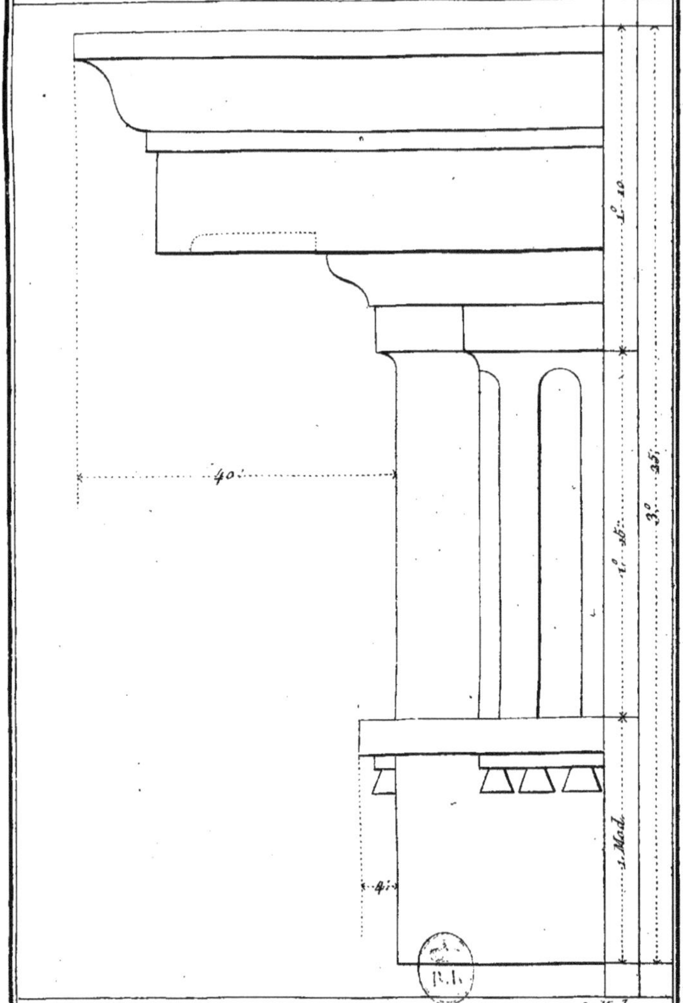

Tom. II.   Pl. LX.

ENTABLEMENT IONIQUE DE LEON BAPT.ᵉ ALBERTI.

Echelle de   1 5 10 15 20 25   2 Modules 30. Minu.

Tournera. del.   P. L. Cor Sculp.

ENTABLEMENT IONIQUE DE JEAN BULANT.

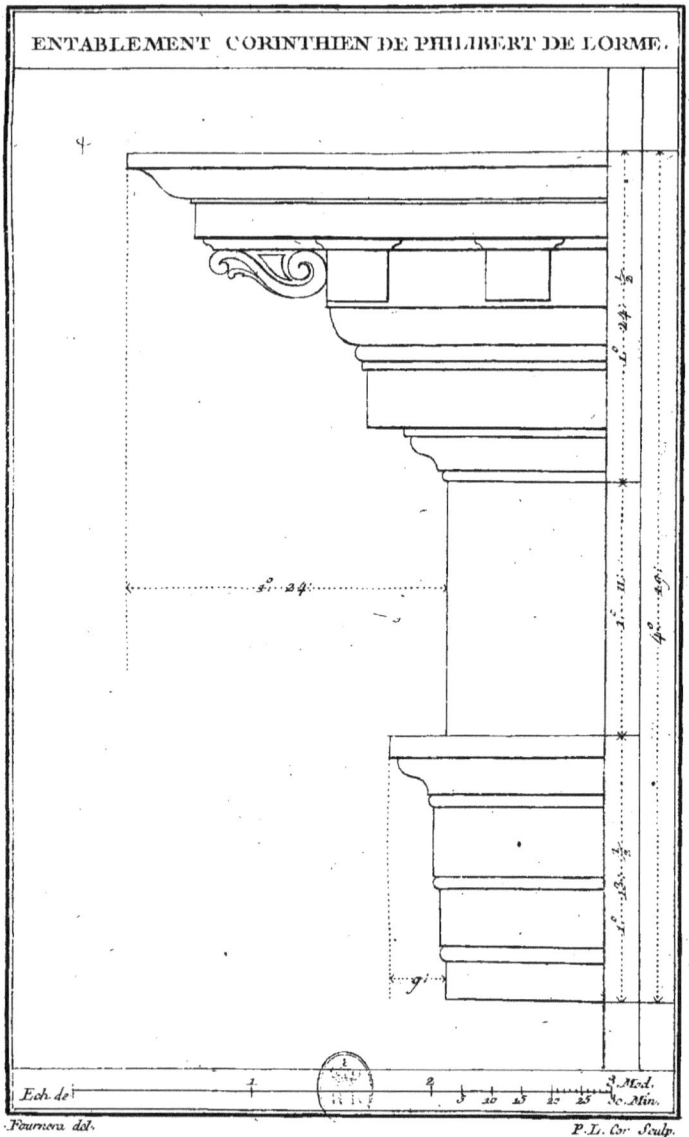

Tom. II.   Pl. LXIII.

ENTABLEMENT COMPOSITE DE SERLIO.

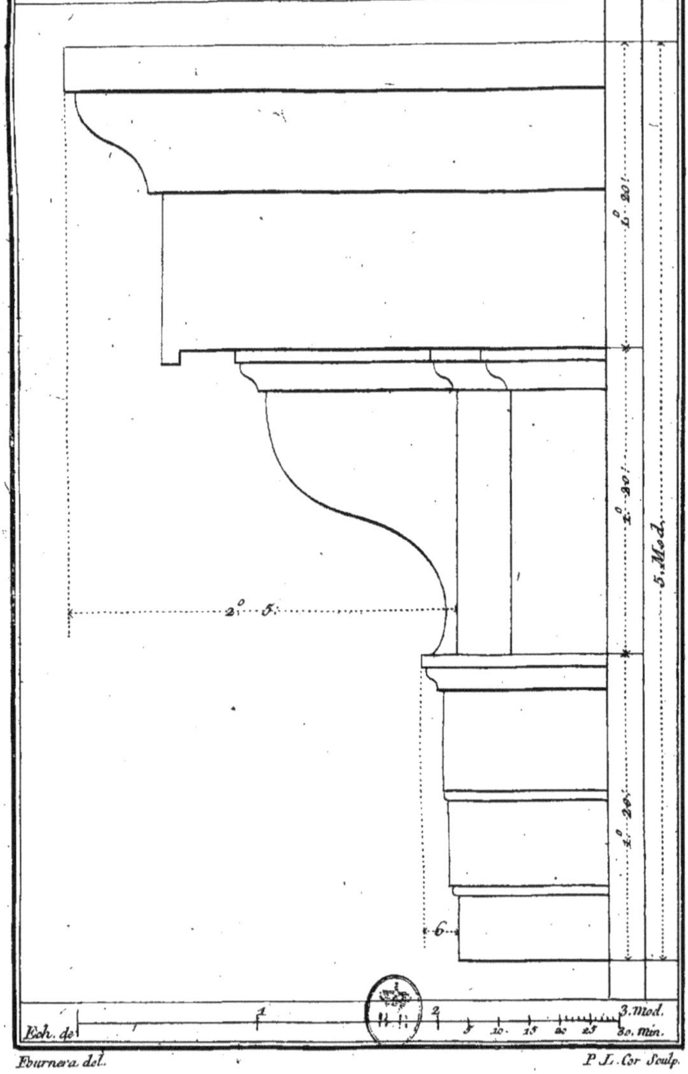

Fournera del.   P. J. Cor Sculp.

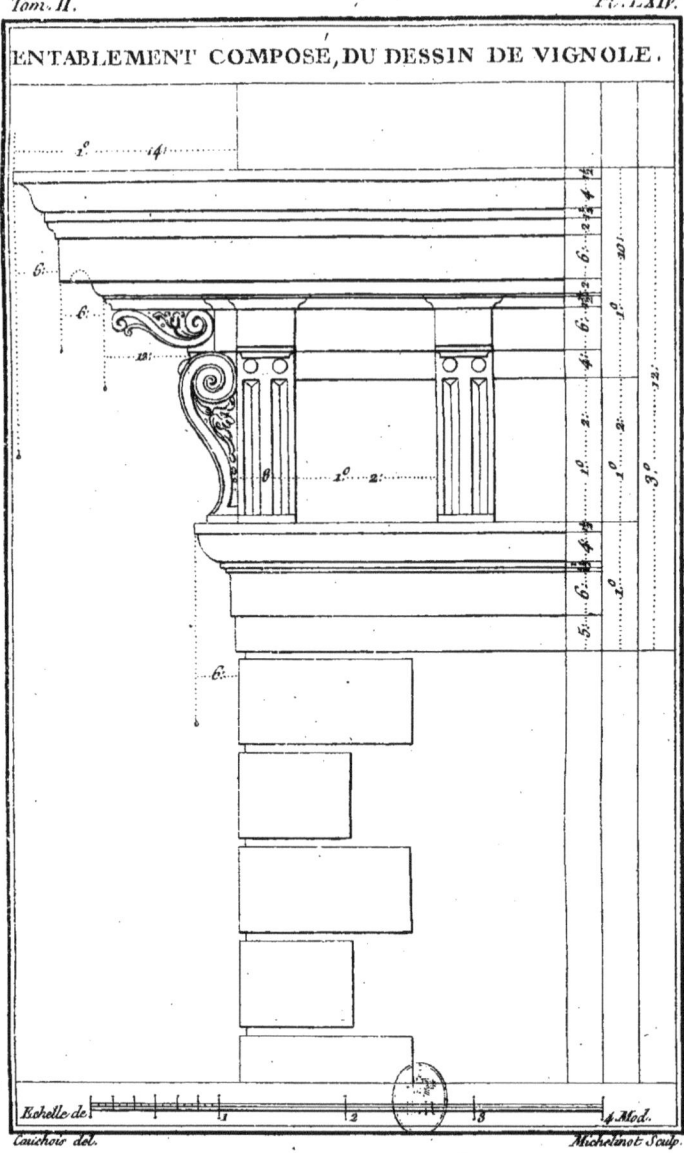

Tom. II.   Pl. LXV.

ENTABLEMENT COMPOSÉ, DU DESSIN DE LE VEAU.

Fournera del.   *Michelinot Sculp.*

Tom. II. Pl. LXVI.

COURONNEMENT COMPOSÉ DU DESSIN DE F. MANSARD.

Echelle de |—————| 12. Pouces

Cauchois del. Michelinet Sculp.

COURONNEMENT COMPOSÉ, DU DESSIN DE F. MANSARD.

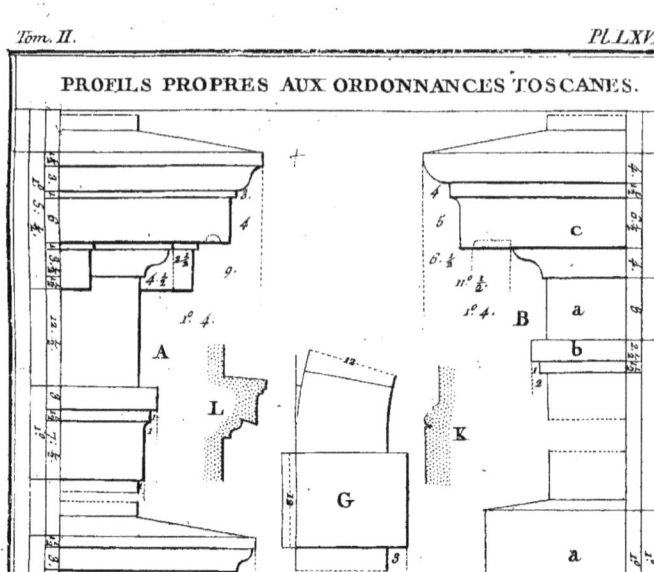

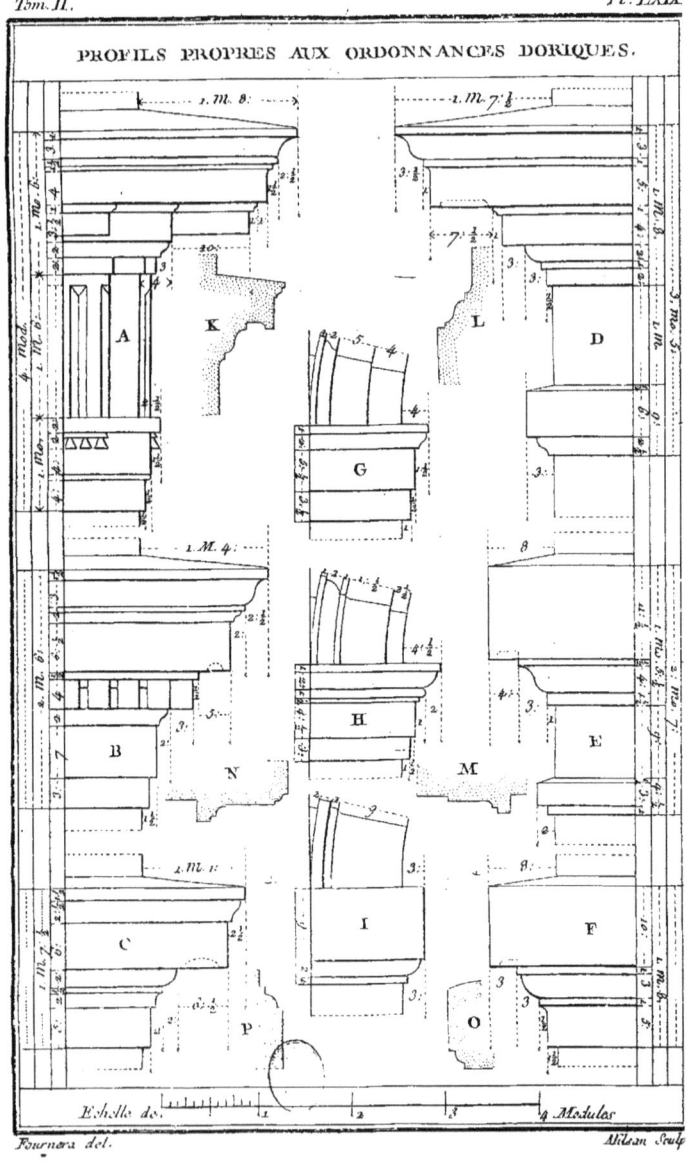

PROFILS PROPRES AUX ORDONNANCES IONIQUES.

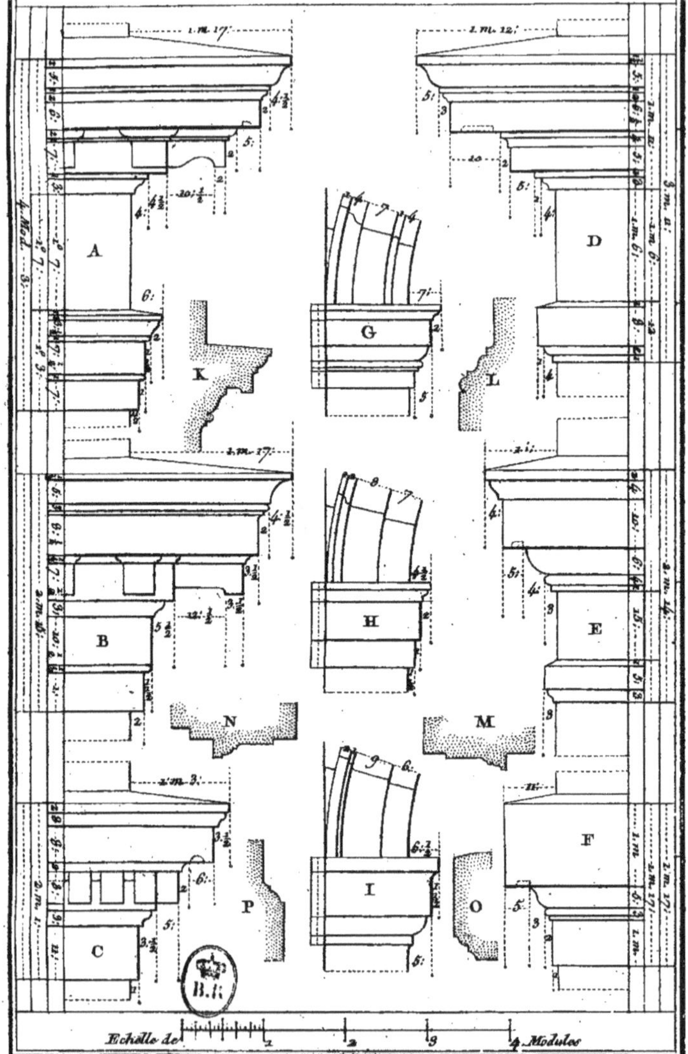

Fourneau del. Milsan Sculp.

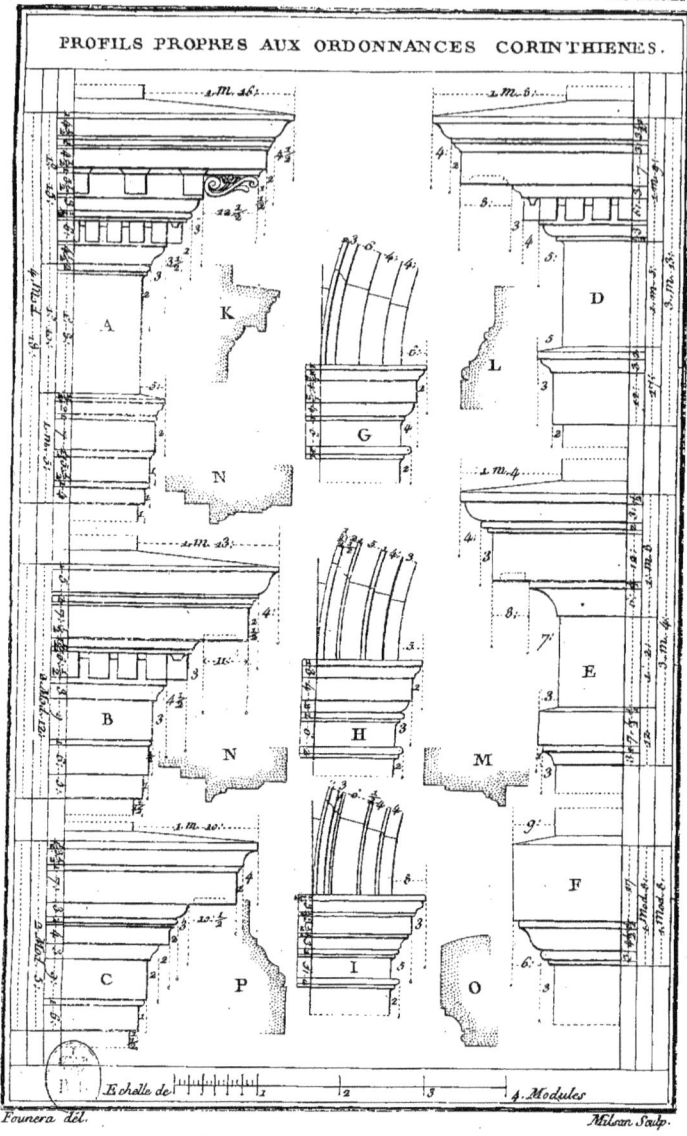

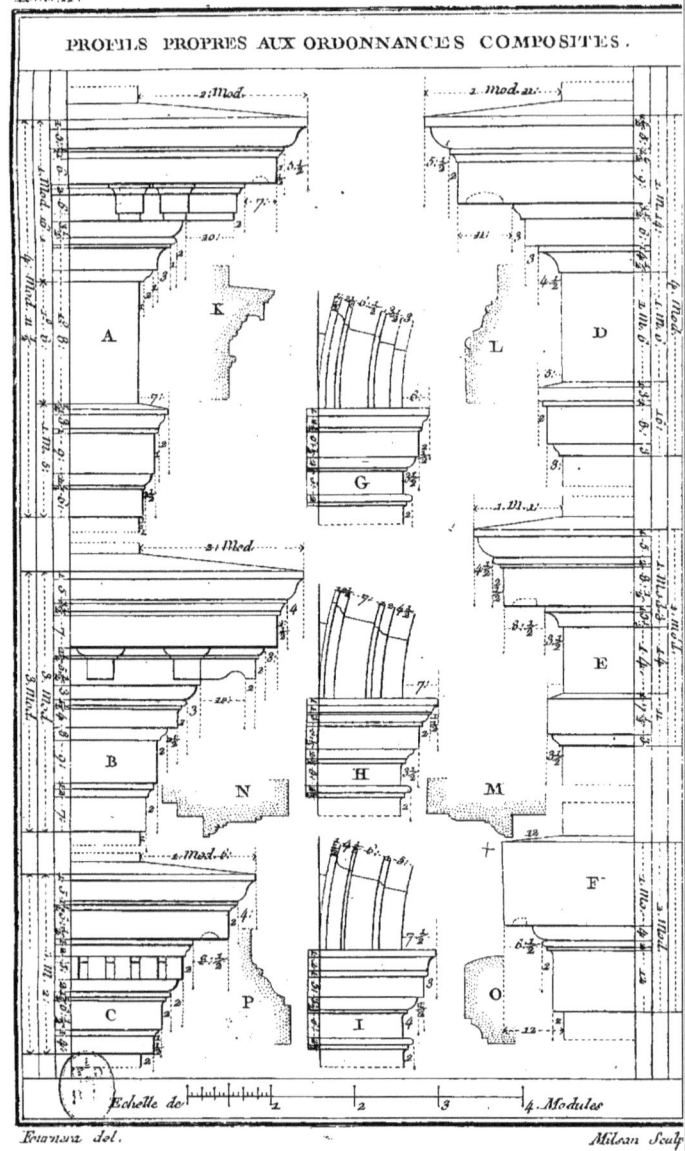

PROFIL D'ENTABLEMENT COMPOSÉ DANS LE GENRE TOSCAN.

PROFIL D'ENTABLEMENT DANS LE GENRE DORIQUE.

CHAPITEAUX DANS LE GENRE IONIQUE.

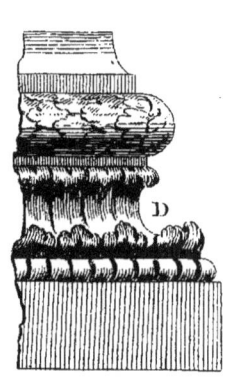
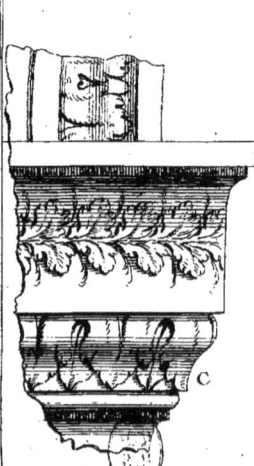
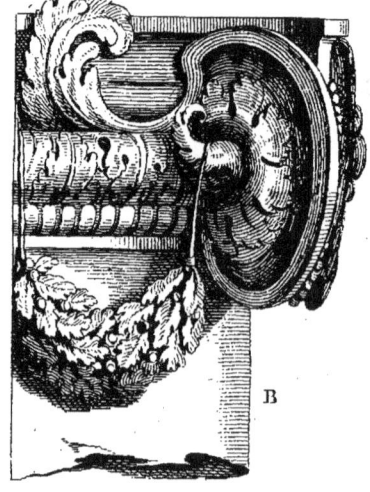

Renard del.   Marillier Sculp.

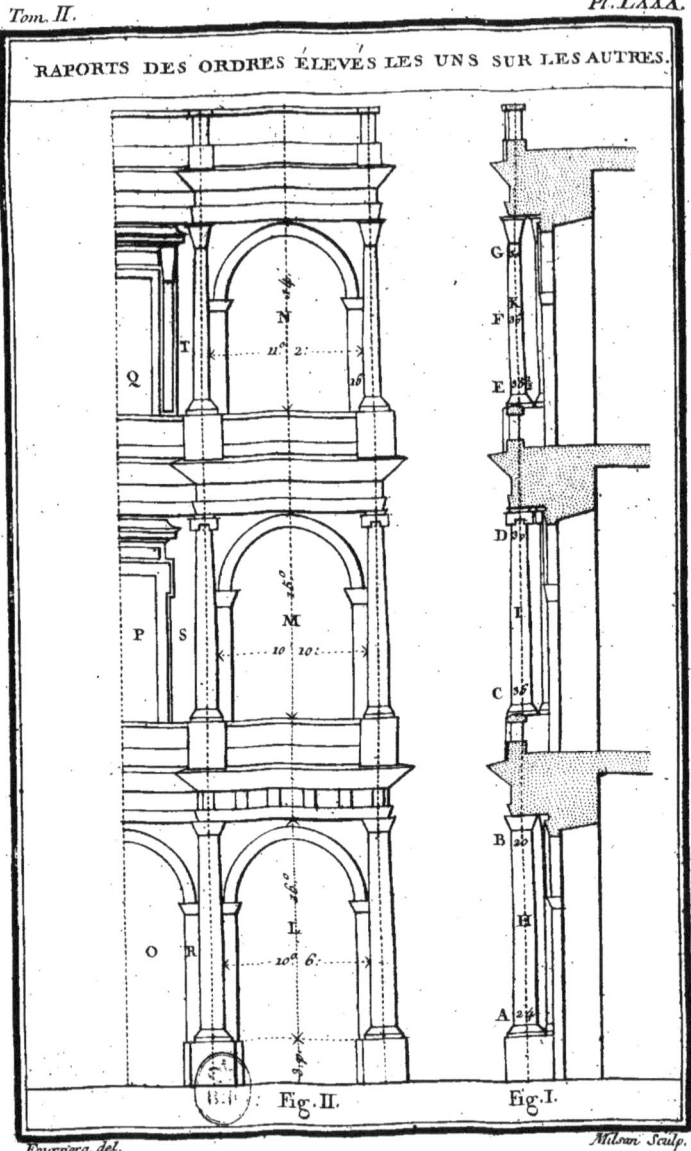

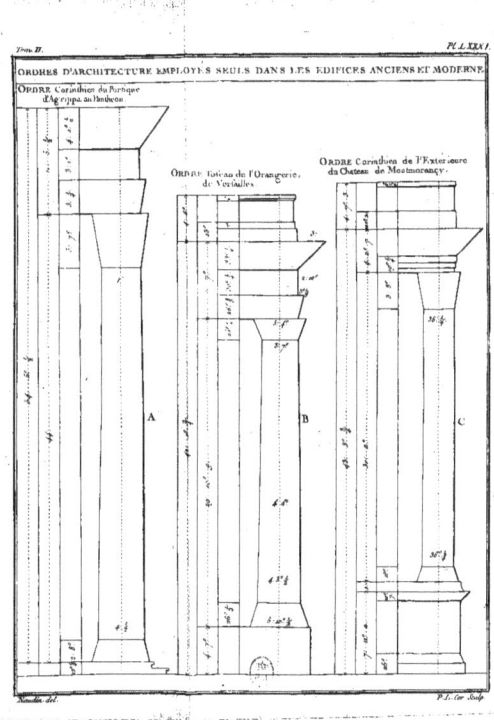

PL. LXXII.

SUITTE D'ORDRES D'ARCHITECTURE EMPLOYÉS SEULS DANS LES ÉDIFICES.

ORDRE Corinthien de la Nef de l'Oratoire.

ORDRE Corinthien de la Cour de l'Hôtel de Tingry.

ORDRE Ionique du Portail de l'Annonciade à S^t. Denis.

Petit ORDRE Corinthien de la Nef de l'Oratoire.

Tom. II.   Blin del.   P. L. Cor Sculp.

ORDRES D'ARCHITECTURE EMPLOYÉS SEULS ET COURONÉS D'UN ATTIQUE

ORDRE Corinthien du Portail de S.t Pierre de Rome avec son Attique au-dessus

ORDRE Corinthien du Panthéon avec son Attique

ORDRE Ionique du Portail des Dames S.te Marie à Chaillot

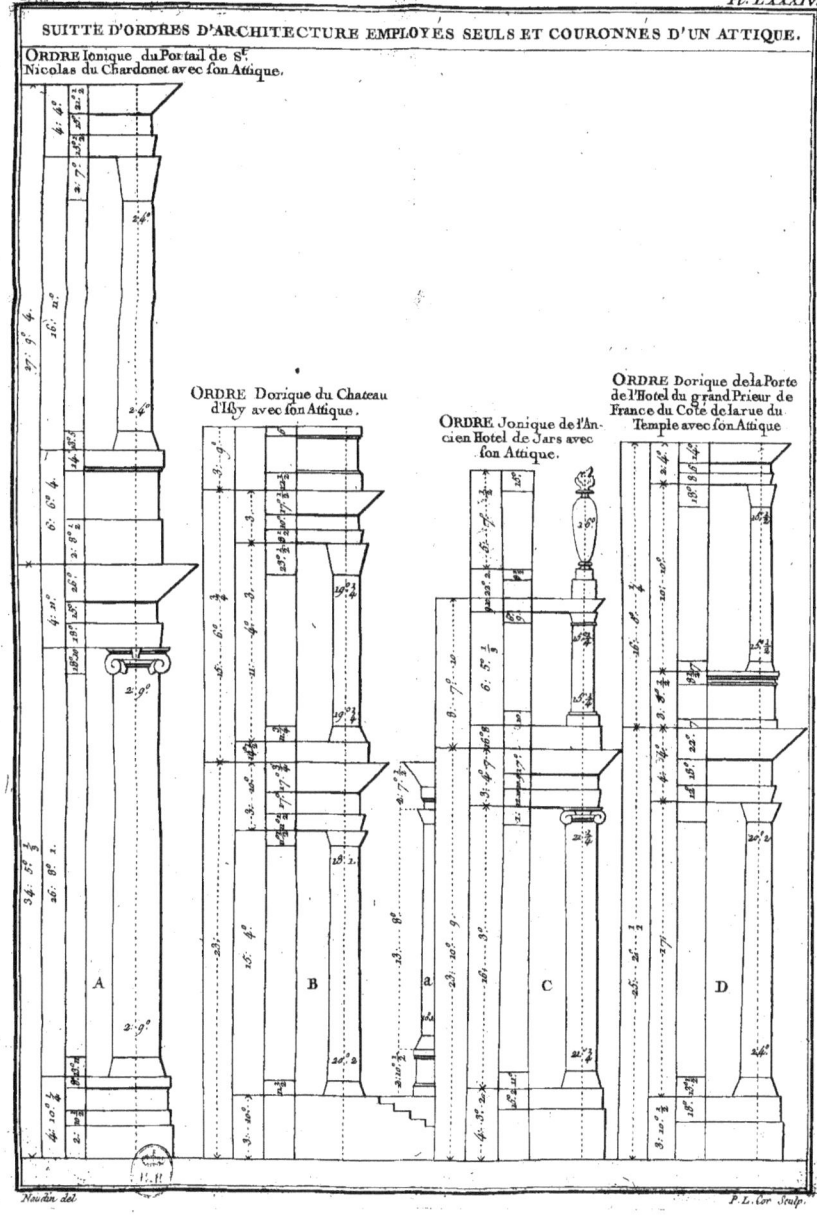

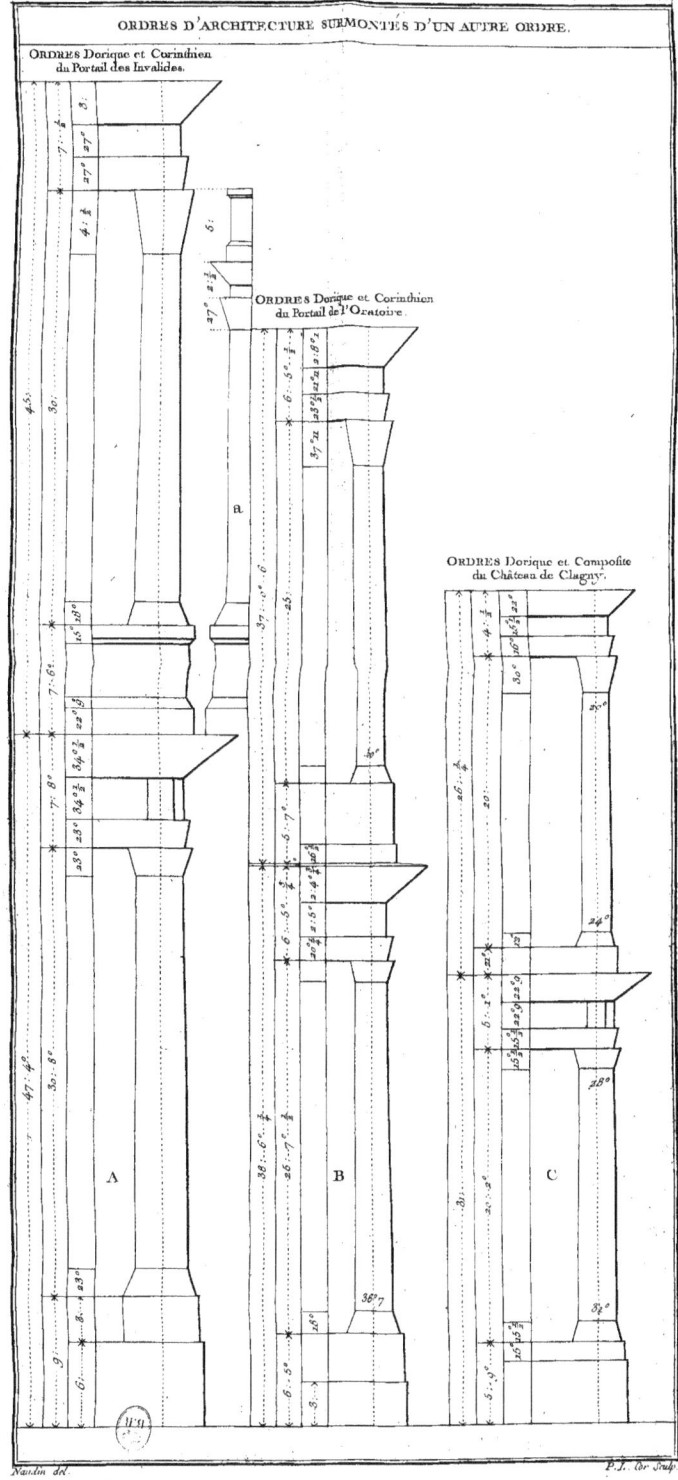

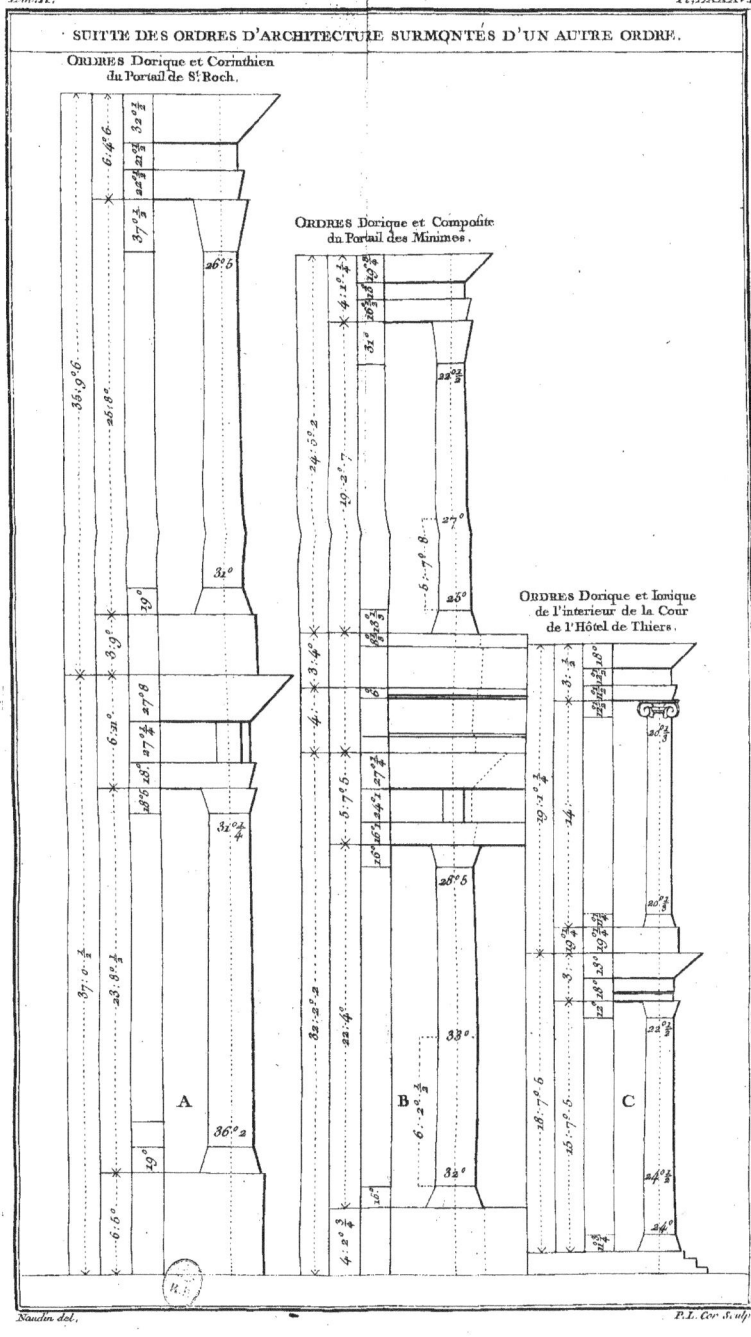

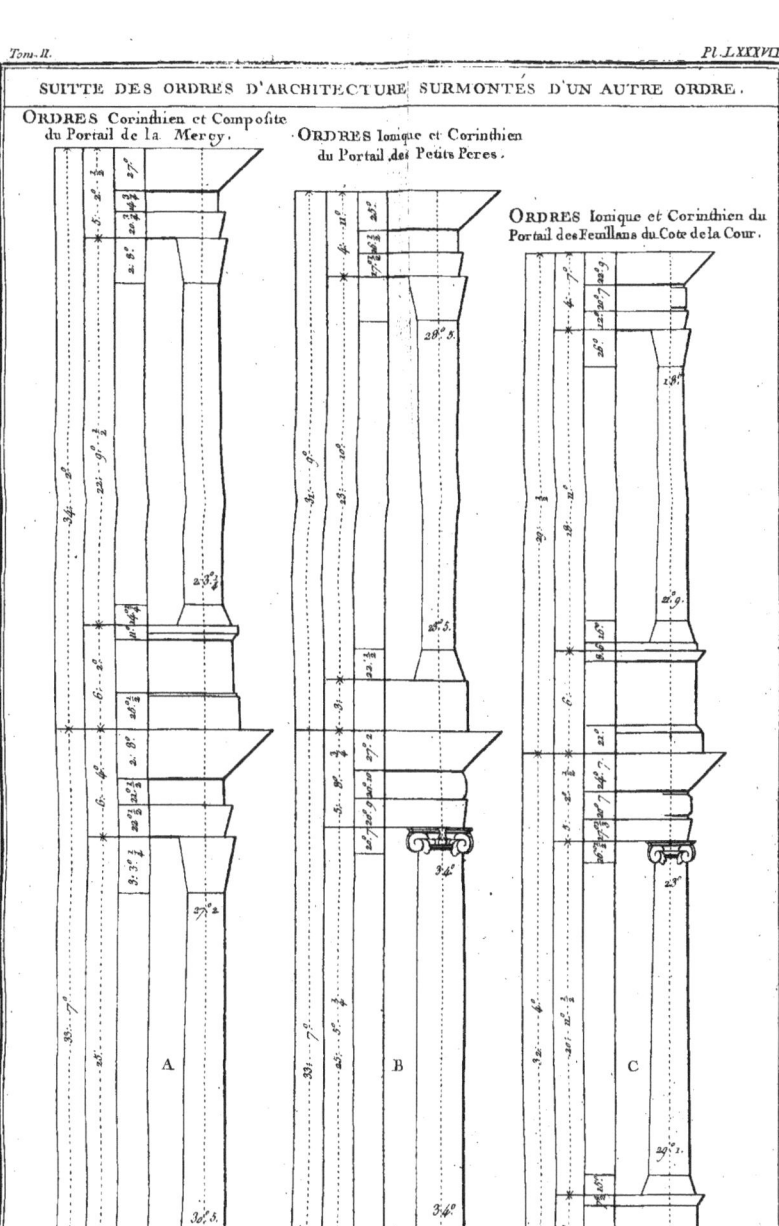

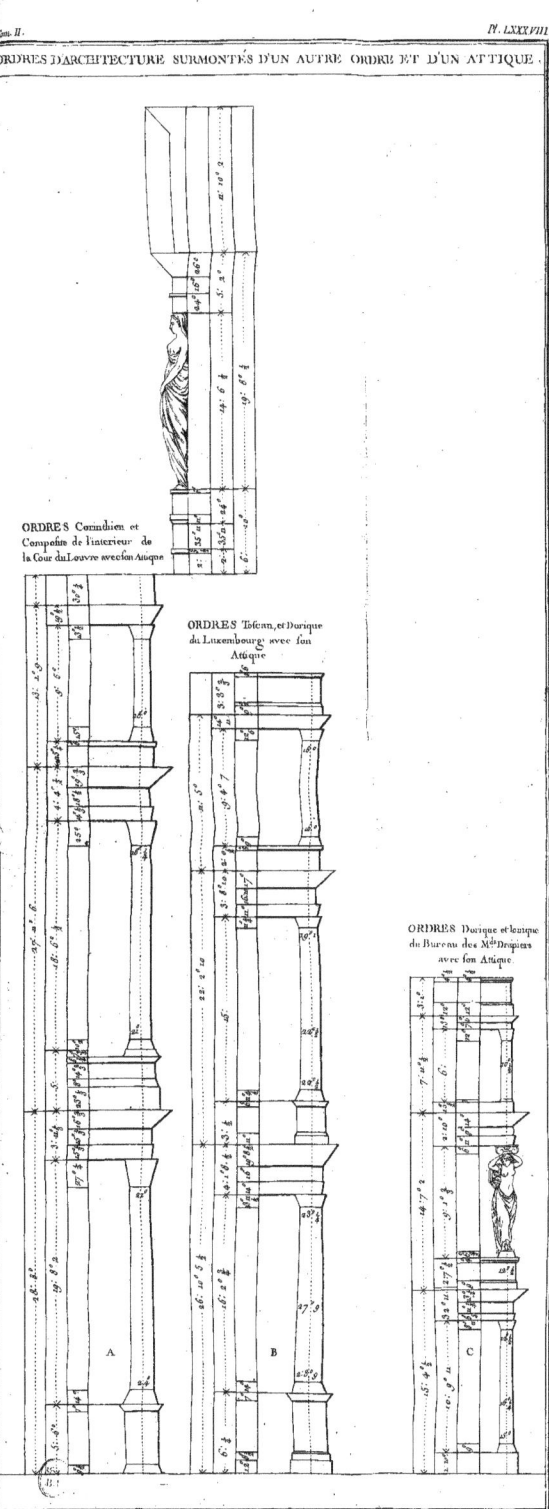

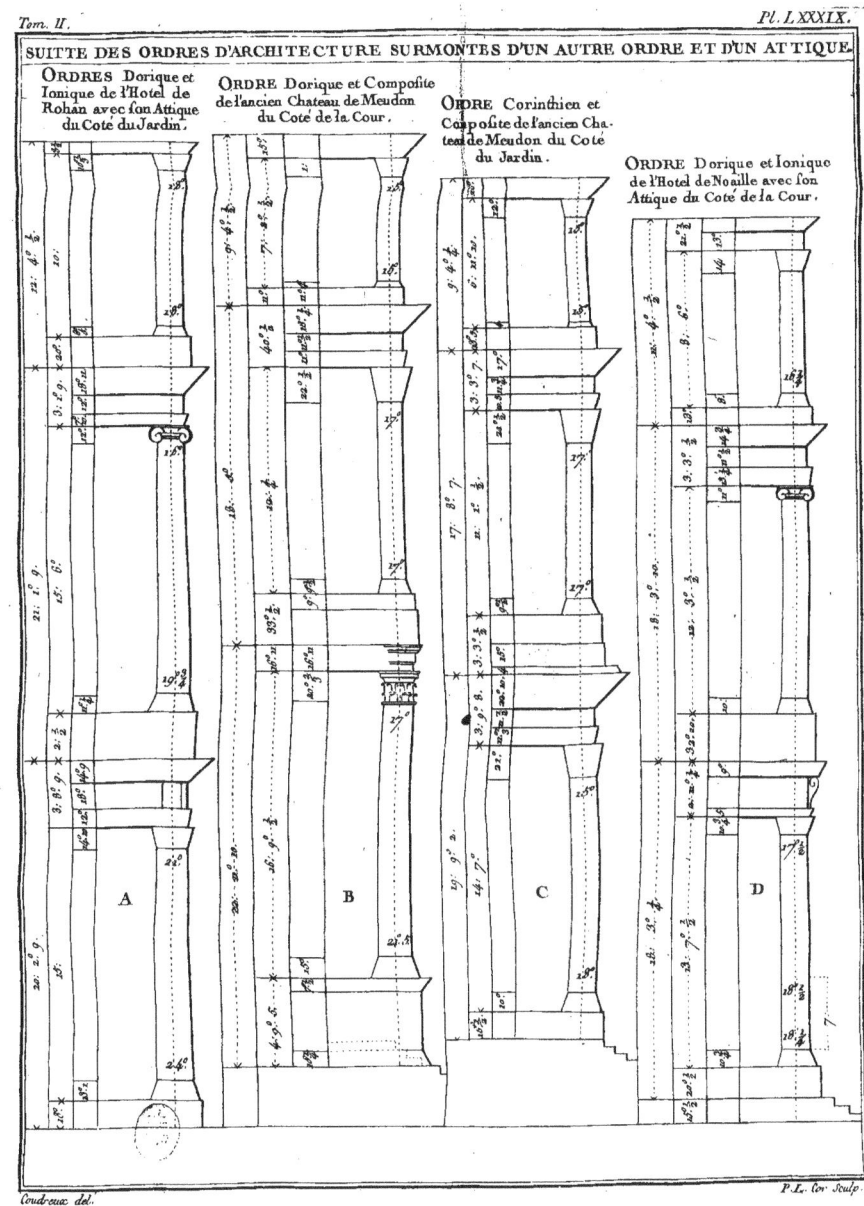

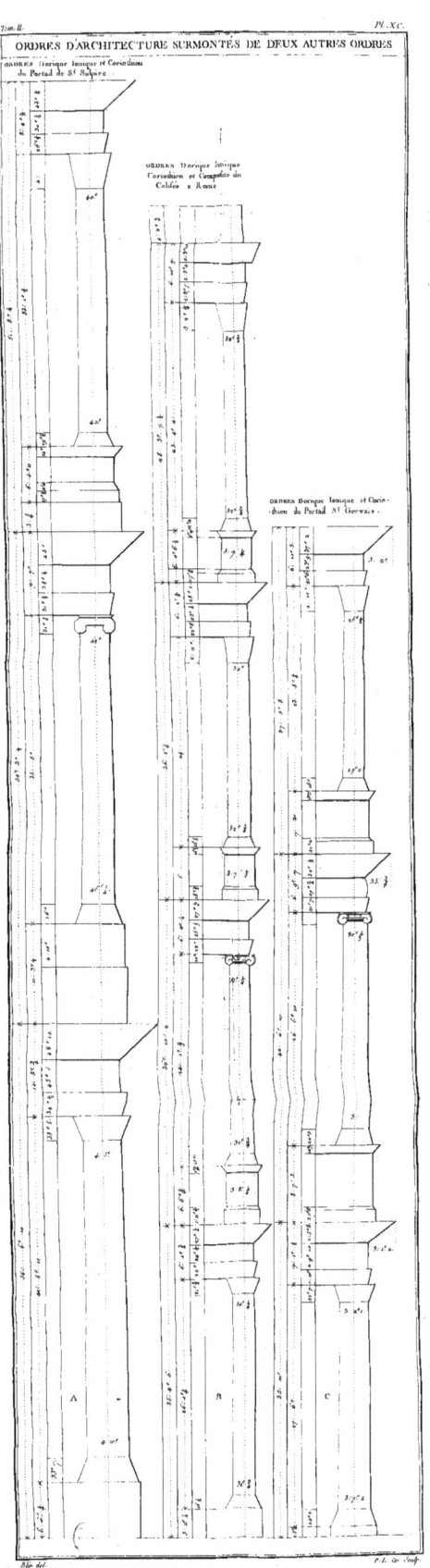

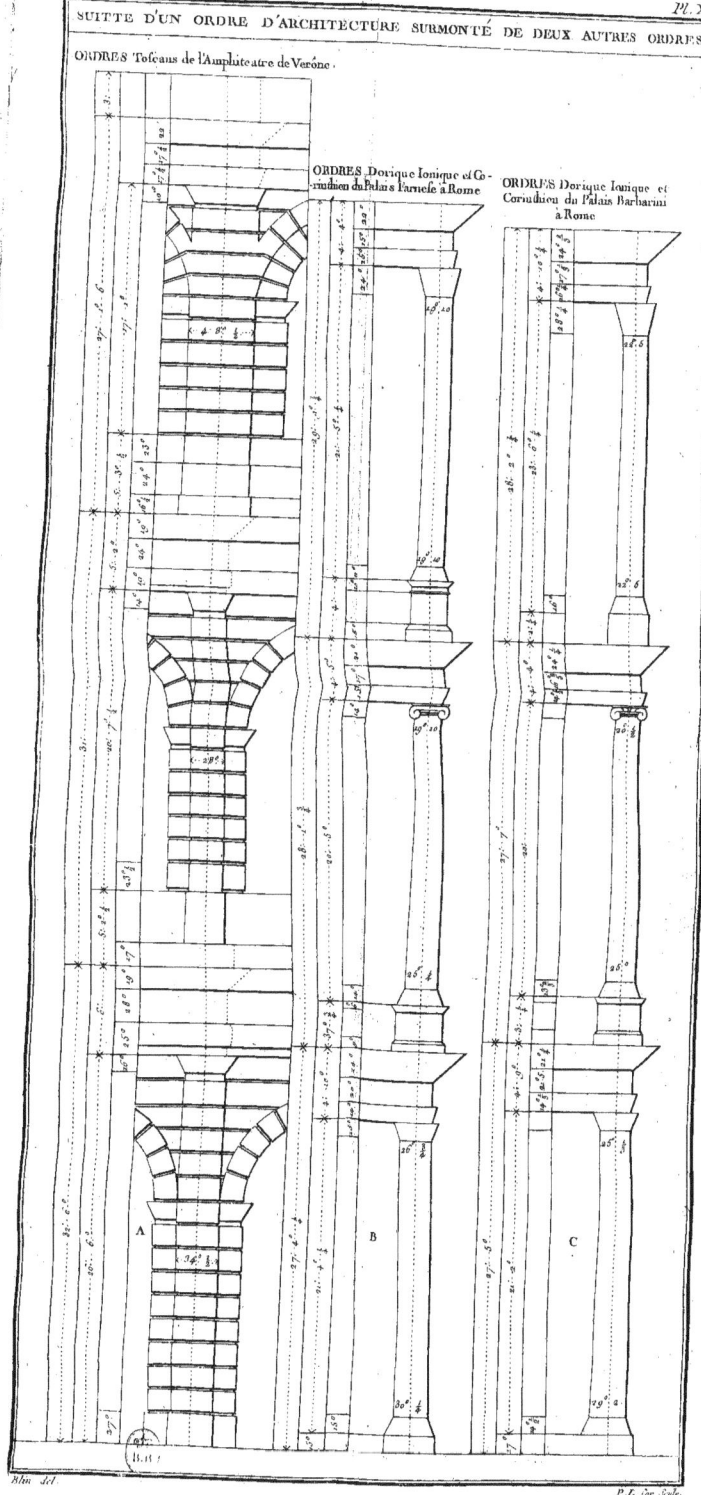

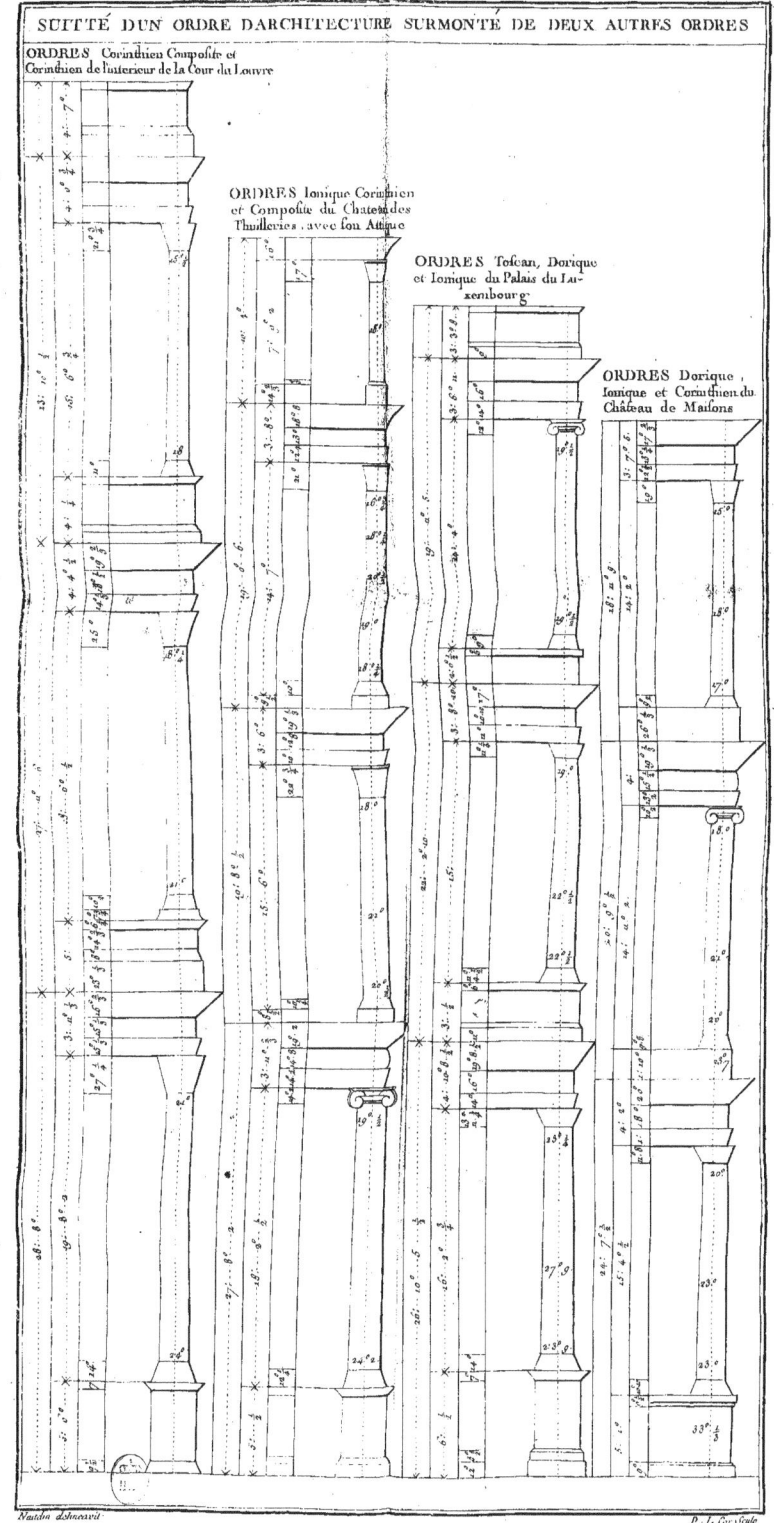

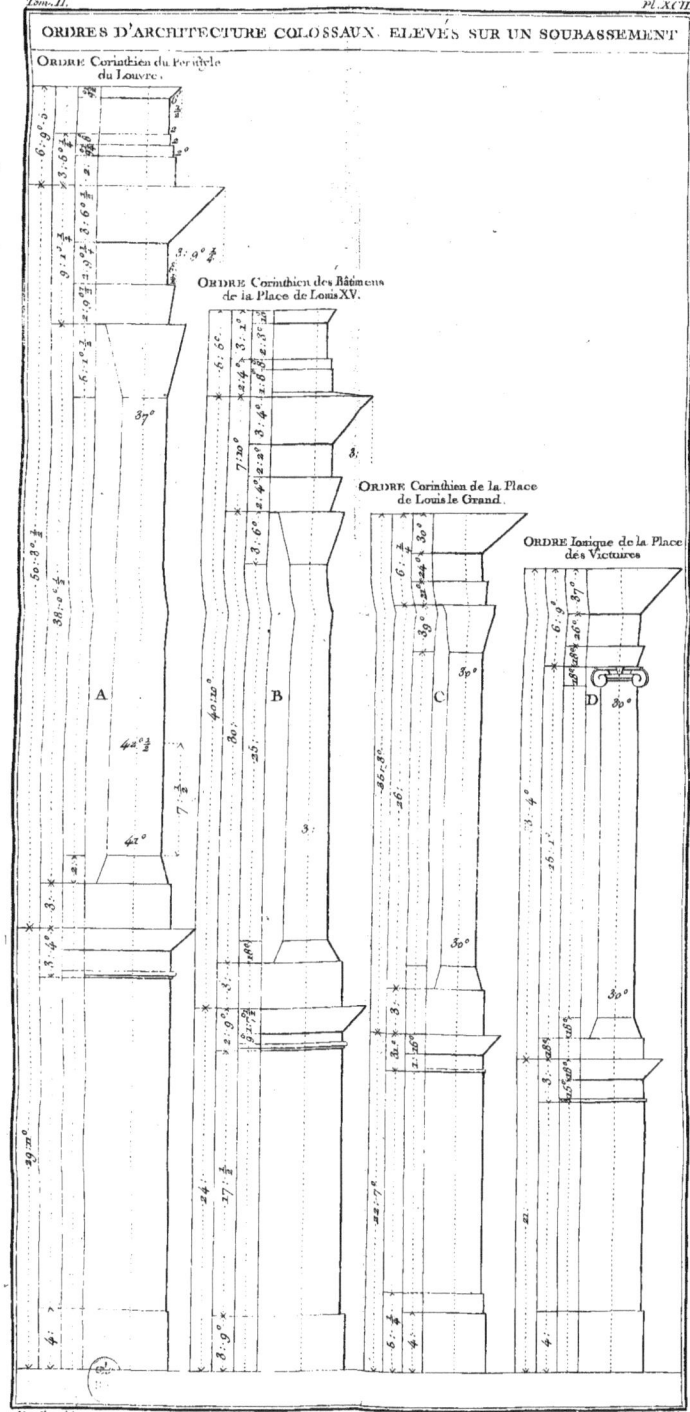

www.ingramcontent.com/pod-product-compliance
Lightning Source LLC
Chambersburg PA
CBHW071950160426
43198CB00011B/1623